그러니까, 영국

유 쾌 하 고   사 소 한   영 국   인 문 학   여 행

그러니까, 영국

윤영호 지음

두리반

우리와 다른 사회를 재미있게 생각할 독자를 위하여

영국에서는 사람들이 신분증 없이 투표하러 간다. 투표장에서 주소와 이름을 말하고 투표용지를 받아 기표하고 나온다. 의회인 웨스트민스터에 방문할 때나 정부 청사에 들어갈 때도 신분증 제시를 요구받지 않는다. 국내선 비행기를 탈 때도 신분증은 필요하지 않다. 은행에서 계좌를 개설할 때 신분증이 필요하고, 칼과 같은 위험한 물건을 배송받아야 하는 경우 성인임을 입증할 서류를 보여줘야 하지만 국가가 개인에게 신분증을 요청하는 경우는 없다.

외국인은 비자를 받아 입국한 후에 우체국에서 BRP(거주허가카드)를 받는다. 영국의 우체국을 번듯하고 커다란 금융기관으로 생각하면 안 된다. 동네 문방구의 한 모퉁이를 차지하고는 한두 명이 앉지도 않고 서서 우편물을 처리해주는 곳이 우체국이다. 영국에서는 면허증을 받기 위해 운전면허시험장을 찾을 필요가 없다. 한국 운전면허증을 우편으로 송부하면 영국 운전면허증이 집으로 배달되어 온다.

출입국 관리사무소도, 구청도, 동사무소도, 면허시험장도, 경찰서도 어디에 있는지 잘 드러나지 않는다. 템스강변에 위치한 런던 경찰청은 '뉴스코틀랜드 야드New Scotland Yard'라는 표지만이 확연하며, 건물 외벽에 음각되어 있는 경찰서라는 표시는 희미해서 잘 보이지도 않는다. 소방차나 경찰차는 신속히 오지만 대부분의 일은 우편으로 처리하기에 일상에서 국가를 느낄 수 있는 곳이 별로 없다.

한때 소련이었던 카자흐스탄에서 살았던 경험이 있다. 그곳에서는 길을 걷다가 만나게 되는 경찰이 언제 신분증을 보자고 할지 몰라 항상 소지하고 다녀야 했다. 신분증이 없으면 경찰서로 연행될 수도 있다. 모두에게 불편한 이런 규정과 관행은 별다른 저항 없이 개인에게 받아들여진다. 사회 질서 유지를 위해 필요하다고 생각하기 때문이다.

칸트Immanuel Kant 정치철학으로 논문을 쓰던 한 선배가 "사회는 질서다"라는 말을 해준 이후로 나는 사회와 질서를 동의어로 생각해왔다. 사회가 다르다는 것은 질서를 도모하는 원리가 다르다는 것이다. 영국은 어떤 사회인가? 영국 사회는 어떻게 작동되고 유지되는가?

길을 걷는 개인에게 불시에 신분증을 요구하는 카자흐스탄이 있고, 신분증 자체가 없는 영국이 있으며, 그 사이 어딘가에 우리나라가 있다. 각각의 사회는 어떤 원리로 움직이는가? 그 차이는 어디에서 연유하는가? 이러한 질문은 동네 우체국에서 서류를 받은 순간부터 시작되었고, '런던 라이프'를 소재로 글을 쓰는 계기가 되었다.

글을 쓰면서 '우리와 다른 방식으로도 사회가 잘 유지될 수 있다'는 사실을 재미있게 받아들일 독자를 생각했다. 영국에 대해 자세히 알기를 원하는 사람, 여행을 가기 전에 영국을 공부하려는 사람, 영국을 여행하면서 느끼는 편안함의 정체가 궁금했던 사람을 위해 이 책을 썼다.

책이 나오기까지 많은 조언을 해준 두리반 이성현 대표, 새로운 관점과 아이디어를 제공해준 데이비드 딘David Dean, 영국인의 입장에서 내용을 감수해준 헬레나 플레일Helena Playle, 교정을 맡아준 박해현, 소중한 사진을 제공해준 길원혜, 최동준에게 큰 감사를 드린다.

영국 런던에서,

윤영호

1장
역사의 현장을 거닐다

카이사르와 세상의 끝

런던 시내에서 가장 부유한 동네가 첼시Chelsea다. 세계적으로 유명한 연예인과 운동선수가 집을 한 채씩 보유하고 있는 곳이다. 첼시에는 '세상의 끝'이라는 지역이 있다. 이렇게 좋은 동네가 왜 '세상의 끝'으로 불릴까? 부자가 되면 그 끝에서 반드시 첼시에 집을 사기 때문일까? 버킹엄 궁전에서 7시 방향으로 뻗은 도로를 킹스 로드라고 하는데, 그 길이 끝나는 곳에 '세상의 끝The World's End'이라고 하는 펍pub이 있다. 예전에 킹스 로드의 끝은 진흙 바닥이었고, 더럽고 위험한 지역이었다. 갈매기가 날아다니는 서울의 압구정과 비슷했다. 부동산에 장기 투자하려면 대도시 가까운 곳에 갈매기가 날아다니는 진흙 밭을 찾아봐야 하는 것일까?

율리우스 카이사르Julius Caesar가 영국을 정복하고 싶었던 것은 영국을 세상의 끝이라고 생각했기 때문이다. 카이사르가 처음 영국에 왔을 때 영국에는 여러 부족국가가 경쟁하고 있었다. 로마는 셀틱Celtic어를 사용하고 있었던 이들을 통칭해 브리튼스Britons라고 불렀다. 브리튼은 같은 계통의 언어를 사용하고 있던 북유럽 및 갈리아(지금의 프랑스) 지역과 교역했다. 로마인은 브리튼족이 살고 있는 섬을 브리타니아 Britannia라는 여성 명사로 불렀다.

카이사르는 BC 55년에 처음 브리타니아에 왔다. 쉽게 정복할 수 있을 것으로 생각했지만 나뉘어 있던 브리튼족이 연합하여 대항하는 바람에 어려움을 겪었다. 카이사르는 말이 이끄는 전차를 능수능란하게 다루는 브리튼 전사를 보고 놀랐다. 기다리던 후속 부대가 서쪽에서 동쪽으로 부는 바람 때문에 도버해협을 건너지 못해 첫 번째 정복 시도가 실패했다. 1년 후인 BC 54년, 카이사르는 800척의 배를 이끌고 다시 도버해협을 건너왔다. 하지만 이번에는 프랑스에서 반란이 일어나 이를 진압하기 위해 되돌아가야 했다. 그 후 카이사르는 다시는 브리타니아에 오지 않았고, 세상의 끝을 정복하지 못했다.

세상의 끝을 정복하려는 계획이 로마 황제 칼리굴라Caligula에 의해 AD 40년에 재개되었다. 그러나 칼리굴라 황제는 프랑스 해변에서 조개만 줍다가 로마로 돌아갔다. 정신이 이상했던 황제가 왜 그런 결정을 했는지는 아무도 알지 못했다. 이듬해 칼리굴라가 죽고 그의 삼촌 클라우디우스Claudius가 황제로 등극했다. 마침 당시 브리타니아는 부족국가 간의 전쟁이 격화되어 혼란스러운 상황이었는데, 위협을 느낀 어느 한 부족국가의 왕이 로마에 가서 도움을 청했다. 이 일은 새로 황제가 되어 위엄을 보여주고 싶었던 클라우디우스에게 좋은 구실이 되었다.

AD 43년에 로마군이 도버해협을 건너 브리타니아에 도착했다. 브리튼 연합 세력은 강력히 저항했지만 로마의 최정예 군대를 당해낼 수는 없었다. 전투에서 8만 명이 넘는 브리튼 군사가 전사했다. 로마군에 대항하는 브리튼 연합군에는 여성 전사도 있었다. 로마는 마침내 세상의 끝을 정복했다. 그러나 최정예 로마군도 온몸에 문신을 한 픽츠족이 살고 있던 칼레도니아Caledonia(지금의 스코틀랜드)는 정복하지 못했다.

"도버를 안 가봐서 그래!"

영국을 정복한 후에 로마는 길과 다리를 놓고 등대를 세웠다. 로마가 세운 등대는 지금도 도버Dover에 남아 있다. 로마 시대에 세운 가장 오래된 것 중 하나다.

인류는 6,000년 전부터 배로 도버해협을 왕래했다. 해협을 사이에 두고 영국의 도버와 프랑스의 칼레가 마주 보고 있다. 도버에서 칼레까지의 거리는 33킬로미터밖에 되지 않는다. 이 거리는 울릉도와 독도 거리의 4분의 1도 되지 않는다. 도버의 하얀 절벽에 서면 맞은편에 프랑스의 하얀 절벽이 보인다. 영국과 프랑스가 서로 영향을 주고받을 수밖에 없는 이유다. 다른 한편으로는 도버해협이 영국을 보호해주는 역할을 했다는 사실이 언뜻 이해가 되지 않는다. 도버해협의 폭이 좁아서 제2차 세계대전 때 칼레에서 쏜 대포가 도버까지 도달할 수 있었기 때문이다. 영국을 지킨 것은 좁은 폭의 해협이 아니라 막강한 해군력이었다. 유럽 최강의 나폴레옹 군대는 영국의 해군 때문에 해협을 건너지 못했으며, 육군과 공군 전력에서 압도적이었던 히틀러Adolf Hitler의 군대도 도버에 도달하지 못했다.

영국이 막강한 해군력을 가지기 전에는 많은 세력이 영국을 어렵지 않게 침입했다. BC 1세기~AD 1세기의 로마군, 5~6세기 앵글로색슨, 7~10세기 바이킹, 11세기의 노르만이 바다를 건너 영국에 왔다. 정복자 윌리엄William the Conqueror이 도착하기 전인 11세기 초에 도버 캐슬이 지어졌다. 성은 로마가 세운 등대 주변에 건설되었다.

도버 캐슬 지하에는 제2차 세계대전 당시 작전 본부로 사용한 터널이 있다. 관광객은 터널을 지나면서 터널을 따라 물처럼 흐르는 〈던커크Dunkirk〉 다큐멘터리 필름을 시청할 수 있다. 영국인은 다큐멘터리 제작과 상영에 뛰어난 재주를 가지고 있다.

도버 캐슬을 나와 해안가 하얀 절벽에 서서 바라보면 주변의 색이 절묘하다. 절벽 위의 녹색 초원, 하얀색 절벽, 파스텔 빛의 바다, 회색 구름, 무색의 바람과 푸른 하늘이 아름답다. 유럽 대륙에서 벌어지는 전쟁에 자식을 보낸 부모가 하얀 절벽에서 대륙을 바라보았다면 이런 빛 때문에 더욱 슬펐을 것이다. 제2차 세계대전 때 프랑스의 됭케르크에

도버 캐슬에서 바라보는 로마 시대에 만들어진 등대

서 후퇴하던 영국군에게 집에 도착했다는 안도감을 준 것이 도버의 하얀 절벽이다.

하얀 절벽은 영국 해안가의 주요 특징이다. 도버의 서쪽에는 치마폭 모양의 하얀 절벽 일곱 개가 연달아 있는 세븐 시스터스Seven Sisters가 있다. 남해안을 따라 하얀 절벽이 계속 이어진다. 절벽이 하얀 이유는 절벽을 구성하고 있는 성분이 초크chalk기 때문이다. 공룡이 살던 백악기의 백악, 재단사가 사용하는 하얀 돌, 떠든 사람 이름을 칠판에 적던 분필이 모두 초크다. 영국은 일찍부터 해안가의 초크를 이용해 분필을 만들어 사용했다. 스코틀랜드의 초등학교 교장 선생님이었던 제임스 필랜스James Phillans가 1801년에 색분필과 칠판을 고안해 교실에서 교육용으로 사용하기 시작했다.

제2차 세계대전 때 됭케르크에서 후퇴하던 영국군에게
집에 도착했다는 안도감을 준 것이 도버의 하얀 절벽이다.

한국인은 영국에 입국할 때 출입국 관리소 직원을 만나지 않고 여권만 스캔한다. 영국을 처음 방문하는 관광객이라면 자동 입국대가 아닌 대면 창구를 이용해보는 것도 좋다. "왜 입국하는 거야? 얼마나 머무를 거야?"라는 건조한 질문 대신 무슨 이야기를 하는지 경험해볼 만하다. 말없이 도장만 찍어줄 수도 있겠지만, 그런 경우라면 먼저 말을 걸어보고 직원의 대응을 살펴보자. 출입국 관리가 입국자를 대하는 태도가 그 나라가 외국인을 대하는 태도라고 이해하면 된다.

출장을 다녀오면서 개트윅Gatwick 공항을 통과할 때 일이다. 입국 심사관이 입국 카드와 여권을 이리저리 보더니 "이제 런던에서 사는 거야? 런던이 마음에 들어?"라고 물어보았다. 내가 "런던은 세계 최고의 도시지!"라고 말하자 "도버를 안 가봐서 그래!"라는 대답이 돌아왔다. 그는 도버 방문은 언제가 좋은지, 도버에 가면 무엇을 봐야 하는지, 어느 카페에 가야 하는지 등을 설명해주었다. 그의 말을 따라 도버에 가보니 도버를 보고 안도감을 느꼈던 병사들의 마음을 이해할 수 있었다.

콘스탄티누스 황제와 아서 왕 이야기

로마군은 도버를 시작으로 북쪽으로 정복해나갔는데, 스코틀랜드의 비와 강한 바람이 큰 장애물이었다. 날아가는 골프공을 좌우로 50미터씩 이동케 하는 바닷바람 속에서 화살을 쏘며 전쟁하는 것은 불가능에 가까웠다. 로마는 끝내 스코틀랜드 지역을 정복하지 못했고, 이는 분란의 씨앗이 되었다.

2세기 초, 로마 황제 하드리아누스Publius Hadrianus는 로마의 정복 정책을 바꿨다. 무리하게 새로운 확장을 추구하는 것보다는 기존의 제국을 안정적으로 통치하는 데 중점을 두었다. 스코틀랜드를 공격하는 대신에 중국의 만리장성, 고려의 천리장성과 같은 성벽을 쌓기 시작했다. 북쪽의 오랑캐로부터 남쪽을 지킬 목적으로 세운 것이 하드리아누스 방벽Hadrian's Wall이다.

영국의 중북부 해안에 있는 도시 요크는 스코틀랜드 정복을 노리고, 하드리아누스 방벽을 관리하는 중심 기지로 로마군에게 요충지였다. 콘스탄티누스가 아버지를 따라 요크에 온 것은 AD 305년이다. 당시 로마에는 정황제Augustus와 부황제Caesar가 있었다. 콘스탄티누스의 아버지는 295년에 부황제가 되었고, 305년에 로마 제국의 서쪽을 다스리는 정황제가 되었다. 정황제가 된 지 1년 후에 요크에서 운명을 다했다.

정황제였던 아버지가 세상을 떠난 후 콘스탄티누스는 306년에 자신을 로마 정황제라고 선언했다. 당시 로마에는 정황제 둘, 부황제 넷이 있었다. 콘스탄티누스의 정황제 선언은 다른 정황제였던 갈레리우스Galerius를 격분시켰다. 갈레리우스는 콘스탄티누스를 부황제로만 인정했다. 힘에서 밀렸던 콘스탄티누스는 받아들일 수밖에 없었다. 더군다나 세상의 끝 요크에서 황제 선언을 했으니 정통성이 부족했다. 콘스탄티누스는 요크에서 다음과 같은 유명한 말을 남기며 훗날을 기약했다. "황제가 있는 곳이 로마다Where Caesar is there is Rome."

요크민스터 대성당에 있는 콘스탄티누스
동상

　콘스탄티누스는 후에 모든 정황제와 부황제를 물리치고 단독 황제
에 올랐다. 정적을 제거하기 위한 전쟁을 치르던 중에 꿈에서 예수 그
리스도를 만났다. 이후 콘스탄티누스는 기독교를 공식 인정하는 밀라
노 칙령(313년)을 발표했고, 니케아 공의회(325년)에서 삼위일체론을
확립했다. 그는 기독교로 개종한 최초의 로마 황제였다.

　요크에 있는 대성당인 요크민스터Yorkminster 옆에는 콘스탄티누스
황제의 동상이 있다. 영국의 유명한 조각가 필립 잭슨Philip Jackson이
1998년에 제작해 설치한 동상의 뒷면에는 '황제가 있는 곳이 로마다'

라고 적혀 있다. 콘스탄티누스가 비스듬하게 앉아서 칼을 땅에 꽂고 있는데 칼의 끝이 부러져 있다. 칼끝이 부러짐으로써 칼이 십자가 형상이 되도록 만들었다. 콘스탄티누스는 로마의 정치적 혼란을 종식시킨 황제였고, 콘스탄티노플(지금의 이스탄불)을 개발해 동로마 제국의 기초를 놓았다. 그가 즉위식을 거행한 브리타니아는 후에 로마도 건설하지 못한 '해가 지지 않는 제국'을 만들었다. 하지만 로마 제국이나 대영 제국보다 오래 지속되어 지금도 건재한 제국은 그가 기초를 놓은 기독교 제국이다. 칼은 부러졌지만 이를 통해 십자가가 남게 되었다.

410년에 게르만족 대이동으로 서로마 제국이 멸망하면서 브리타니아에 있던 로마식 정치 체제도 붕괴했다. 작은 지역마다 지배자가 나타나고 지역 간의 전쟁이 시작되었다. 이를 통해 큰 지역 단위로 왕이 나타났지만 혼란은 여전했다. 게르만족 대이동 시 게르만족의 일파였던 앵글Angles족과 색슨Saxons족이 영국으로 밀려왔다. 이에 대항한 브리타니아의 리더가 아서Arthur라는 주장이 있다. 아서는 516년 바돈산전투Battle of Badon에서 전설의 검 엑스칼리버를 이용해 혼자 960명의 침략자를 베었다. 아서의 무덤에는 '과거에 존재했고, 미래에 부활할 왕'이라는 묘비명이 있다고 전해진다.

대부분의 현대 역사가는 아서 왕 이야기를 전설이라고 믿는다. 존재를 증명할 무덤과 역사 유적이 없기 때문이다. 아서 왕은 8세기 이전의 문헌에는 등장하지 않는다. 중세 이후의 문학 작품에 아서가 등장하는데 작품마다 묘사가 다르고, 점점 새로운 이야기가 덧붙여진다. 아서가 역사적 존재가 아니라면 랜슬롯Lancelot은 더욱 아니다. 랜슬롯은 아서

왕이 등장하는 영국 초중기 문학 작품에는 등장하지 않는다.

그러나 아서 왕의 존재를 믿는 영국인은 많다. 아서 왕은 '영국의 위대한 100인' 리스트에서 51위를 차지하고 있다. 감리교의 창시자 존 웨슬리John Wesley가 50위고, 간호학의 창시자 나이팅게일Florence Nightingale이 52위다. 증명하지 못했다고 존재하지 않았던 것은 아니다. "아서 왕이 존재하지 않았다면 많은 문헌과 문학 작품에 등장할 수가 없다"고 주장하는 이들도 있다. "아니 땐 굴뚝에 연기 날까?"라는 주장은 묘한 설득력을 가진다. 실제로 이런 접근 방식으로 탐구해 전설로만 여겨졌던 사건을 역사적 사실로 입증해낸 사례가 있다. 아서가 엑스칼리버를 뽑았다고 전해지는 산봉우리가 스코틀랜드의 에든버러에 있으며 이를 아서의 자리Arthur's Seat라고 한다. 영국 서남쪽의 콘월 지역 사람들은 아서가 콘월을 무대로 활약했다고 생각한다.

어느 영국인은 아서의 존재가 역사적 사실이든 전설이든 차이가 없다고 말한다. 어떠하든 간에 아서에 관한 이야기는 존재하고, 정치권력의 정통성을 아서에서 찾으려는 정서가 있기 때문이다. 왕족 간의 오랜 싸움이었던 장미 전쟁을 승리로 이끈 헨리 7세Henry Ⅶ는 자신에게 아서의 피가 흐른다고 했다. 아서는 미래에 다시 올 왕이기 때문이다.

엘리자베스 2세Elizabeth Ⅱ 여왕의 장남 이름은 '찰스 필립 아서 조지 마운트바텐윈저Charles Philip Arthur George Mountbatten-Windsor'며, 그의 첫째 아들 이름은 '윌리엄 아서 필립 루이스 마운트바텐윈저William Arthur Philip Louise Mountbatten-Windsor'다. 영국 왕위 계승권자들이 아서라는 이름을 가지는 것은 영국인이 아서의 부활을 바라고 있기 때문이다.

영어의 탄생과 영국 영어 잘하는 법

아서 왕의 전설적인 활약에도 불구하고 앵글로색슨Anglo-Saxons은 영국에 진출했다. 영국에 침입한 게르만족인 앵글, 색슨, 주트Jutes를 통칭해 앵글로색슨이라 한다. 잉글리시와 잉글랜드라는 말은 '앵글'에서 나왔으며, 서섹스Sussex와 에섹스Essex는 '색슨'에서 나왔다.

지금의 영국 백인White British은 셀틱어를 구사하던 브리튼, 브리타니아를 지배한 로마인, 게르만족 대이동으로 온 앵글로색슨, 영국을 침탈했던 바이킹과 영국을 정복한 노르만이 섞인 결과다. 유전자를 분석하면 전체 영국인 중 앵글로색슨의 후예는 4분의 1밖에 되지 않는다. 그럼에도 불구하고 영국인 하면 앵글로색슨이 떠오르는 것은 영어English가 앵글로색슨의 언어였기 때문이다.

앵글로색슨이 사용한 영어는 유럽 대륙 서쪽에 살던 게르만의 언어였다. 앵글로색슨과 함께 영어가 영국에 상륙했다. 기존에 영국을 지배하고 있던 셀틱어는 브리튼족과 같이 이동해 서쪽으로 가서 웨일스어, 북쪽으로 가서 스코틀랜드어, 바다를 건너 아일랜드어로 분화했다. 앵글로색슨은 기존의 로만 브리튼 문화를 적극 흡수했다. 건축과 생활양식을 받아들였고, 597년에는 기독교를 받아들였다. 그러면서 영어에 셀틱어와 라틴어가 접목되었다. 이후 바이킹의 진출로 영어는 노르만어의 영향을 받았다. 1066년에 정복자 윌리엄이 영국을 정복한 후에는 궁정, 법, 금융, 음식과 관련해서 프랑스어가 영어와 결합했다. 그렇게 지금의 영어가 만들어졌다.

현대 영어의 근간을 세운 앵글로색슨은 타고난 전사로 싸움을 잘했지만 지배계급조차 읽고 쓰기에는 능하지 못했다. 영어는 남성/여성/중성이 없고 격변화도 거의 없어 다른 언어에 비해 문법이 쉽다. 이는 앵글로색슨이 복잡한 어법을 싫어했기 때문일 수도 있다. 그런 것을 감안해 영어를 말할 때는 되도록 문법에 연연하지 않고 자연스럽게 내뱉는 것이 좋다.

영국식 영어에 자주 등장하는 네 가지 표현이 있다. 치어스cheers, 인디드indeed, 러블리lovely, 이즌트 잇?isn't it?이 그것이다. 이 단어를 자주 사용하면 자신감이 생기고, 자신감이 생기면 영어 실력이 향상된다.

'건배'라는 의미의 '치어스'는 고맙다는 의미로 널리 쓰인다. 길을 양보해도 치어스, 가방을 들어줘도 치어스, 조금이라도 고맙다고 생각될 때라면 가볍게 치어스라고 말하면 된다.

'정말'이라는 의미의 '인디드'도 정말 많이 쓰인다. 형용사나 부사 뒤에 붙여서 강조의 의미로 쓰이는데, 잘 붙여서 쓰면 영어가 자연스러워진다. 감사를 표현할 때도 인디드를 붙여 'Thank you very much indeed'라고 하면 세련미가 넘친다.

러블리는 아무 때나 가져다 쓰는 만능의 단어다. 영국인은 러블리를 입에 달고 산다. '만나서 반갑습니다'의 경우도 'Nice to meet you'보다는 'Lovely to meet you'가 더 영국적이다. 여성적으로 느껴지지만 남녀 모두 잘 쓰는 단어다.

부가 의문문의 활용도 중요하다. '춥다'고 말할 때, 'It's cold!'라고 말하지 않고 'Cold, isn't it?'이라고 한다. 질문이 아니기 때문에 굳이 답을 하지 않아도 된다. 일상에서는 이즌트 잇?isn't it?을 줄여서 인잇?in it?이라고 말하기도 한다. 모임에서 누군가 좋은 아이디어를 내면 'Lovely, isn't it?'이라고 말해 동의를 표현하면 영국 영어에 익숙한 사람처럼 보인다.

바이킹의 침략과 영국 민족의 탄생

잉글랜드, 아일랜드, 스코틀랜드와 웨일스가 격돌하는 전쟁 같은 럭비 경기가 있다. 후에 프랑스와 이탈리아가 합류하여 '식스 네이션스 챔피언십Six Nations Championship'이 되었다. 제일 작은 나라인 웨일스가 가장 많은 우승을 차지했다. 웨일스인은 럭비를 신성시한다는 말이 있을 정도다. 럭비를 통해서 야만성을 분출하고 폭력성을 통제한다. 북아일랜드 선수들은 아일랜드 대표로 뛴다. 북아일랜드는 아일랜드와 달리 영국United Kingdom이지만, 특이하게도 럭비는 아일랜드 팀으로 참가한다.

축구도 전쟁 같은 스포츠다. 잉글랜드, 스코틀랜드, 웨일스, 아일랜드, 북아일랜드가 각각 대표팀을 구성해 국제대회에 참가한다. 한 팀을 이루지 않는 것은 스포츠가 역사적 적대성을 반영하고 있기 때문이다.

영국 민족British Nations이라고 통칭하는 잉글랜드, 스코틀랜드, 웨일스, 아일랜드가 생기기 시작한 것도 앵글로색슨의 침입 때문이다. 영국의 동쪽과 남쪽에 정착한 앵글로색슨은 점차 세력을 확대해 영국의 중심부를 장악했다. 로마의 지배하에 셀틱어를 구사하던 여러 브리튼족은 서쪽과 북쪽으로 이동하게 되었고, 지역적으로 고립되었다. 같은 시기 셀틱어를 구사하는 스콧족이 아일랜드에서 스코틀랜드 서남쪽으로 진출해 영토를 확장하고 있었다.

로마가 지금의 스코틀랜드, 당시의 칼레도니아를 정복하지 못한 것은 날씨 탓도 있지만 그보다는 칼레도니아에 살고 있던 셀틱족이 강했기 때문이다. 로마인은 그들을 픽츠Picts(그림)라고 불렀다. 픽츠는 상대방에게 위협감을 주기 위해서 몸에 문신을 했다. 조직폭력배가 문신하는 것과 같은 이유다. 남녀 불문하고 온몸에 문신을 했던 픽츠족을 싸움에 능했던 앵글로색슨조차도 어찌하지 못했다.

8세기 후반부터 지금의 덴마크, 노르웨이, 스웨덴에서 온 바이킹이 영국을 약탈하기 시작했다. 초기의 바이킹은 영국에서 수확물을 빼앗아 본국으로 돌아갔다. 그러다가 851년부터 본국으로 돌아가지 않고 영국에 캠프를 건설하기 시작했다. 당시 영국은 작은 왕국이 난립하는 상황이었다. 앵글로색슨도 하나의 왕국이 아니라 여러 왕국으로 나뉘어 있었다. 바이킹의 출몰에 위협을 느낀 소규모 왕국은 바이킹에 대응하기 위해 연합했다. 스코틀랜드 지역에서는 픽츠와 스콧이 연합했다. 그렇게 앵글로색슨이 잉글랜드로, 서쪽의 브리튼이 웨일스로, 북쪽의 스콧과 픽츠가 스코틀랜드로, 바다 건너 켈트가 아일랜드로 발전해 나갔다.

잉글랜드, 아일랜드, 스코틀랜드, 웨일스 4개국이 시작한 럭비대회가 노르만 공국을 대표하는 프랑스와 로마 제국을 대표하는 이탈리아를 받아들였다. 만일 바이킹을 대표하는 북유럽 팀마저 합류한다면 럭비대회에 영국의 전쟁사가 모두 담기게 된다.

헤이스팅스 전투와 황산벌 전투

런던에서 남쪽으로 차로 한 시간 반쯤 가면 헤이스팅스Hastings가 나온다. 헤이스팅스는 도버와 브라이튼 중간에 있는 남해안의 도시다. 우리나라 지형을 예로 들어 도버가 부산이고 브라이튼이 삼천포(사천)라면,

헤이스팅스는 진해에 해당한다. 헤이스팅스는 1066년에 노르망디의 지배자 윌리엄이 영국으로 건너와 영국 왕 해럴드 2세Harold II와 전투를 벌였던 곳이다. 이곳을 '1066 격전지1066 battlefield'라고 부른다. 정복자 윌리엄이 전투에서 승리한 후에 만든 왕조가 지금의 영국 왕실로 이어졌다. 헤이스팅스 전투는 영국 역사에서 가장 중요한 장면 중 하나다.

나는 백제의 수도 부여에서 태어나 자랐다. 1933년생인 아버지는 부소산성으로 소풍을 자주 다니셨다. 부소산성의 바닥을 조금만 파면 나당 연합군에 의해 불태워진 백제의 군량미가 남아 있었고, 잿더미 일부를 파서 가져올 수도 있었다고 한다. 660년에 신라 군대가 육지로 백제를 공격했고, 당나라 군대가 금강을 타고 백제에 쳐들어왔다. 소정방蘇定方이 이끄는 당나라 군대는 15만 명이었고, 신라 군대는 5만 명이었다. 이에 대항하는 백제군은 5,000명이었다. 얼마 전까지만 해도 신라의 깊숙한 곳을 유린하던 백제군의 숫자가 왜 신라 군대보다 훨씬 적었을까? 수적인 차이가 컸다면 왜 성곽을 지키는 진지전을 하지 않고 황산벌에 나가 전면전을 펼쳤을까? 백제의 마지막을 지켰던 계백 장군은 가족을 모두 자신의 칼로 베고 마지막 전투에 나갔다. 그러고는 5,000명의 군대로 5만 명의 신라군과 싸우다가 전사했다.

'1066 격전지'에 가면서 백제와 계백 장군을 떠올렸다. 헤이스팅스 전투에서 윌리엄이 승리한 것을 토착 세력에 대한 외세의 승리로 이해했기 때문이다. 기존에 있던 앵글로색슨 왕조에 정복자 윌리엄이 쳐들어와 압도적인 군사력을 바탕으로 정통 영국 왕조를 무너뜨리고 영국

1066년 윌리엄과 해럴드가 격전을 벌였던 헤이스팅스

에 노르만 왕조를 만들었다고 생각했다. 하지만 실상은 그렇게 단순하지 않았다.

1066년의 영국은 봉건제조차 정착하지 못한 상황이었다. 이웃으로는 덴마크, 노르웨이, 노르망디, 프랑스 등이 있었다. 영국이 그중 제일 약한 축에 속했다. 노르망디는 프랑스의 봉건 영주 중에 하나였다. 덴마크와 노르웨이 바이킹은 시도 때도 없이 영국을 쳐들어왔고, 영국 왕은 피난을 다녔다. 덴마크, 노르웨이, 노르망디, 프랑스와 영국은 왕실이 복잡하게 혈연으로 연결되어 있었다. 모두 사촌, 육촌, 사돈에 해당하는 얽히고설킨 관계였다.

'참회왕 에드워드Edward the Confessor'가 후손 없이 죽자 에드워드의 처남이었던 해럴드Harold Godwinson가 왕이 되었다. 해럴드는 전임 왕과 혈연적인 관계가 없었기 때문에 정통성이 약했다. 그러자 노르웨이 왕은 자신이 영국 왕의 계승자라고 주장했고, 에드워드의 친척이었던 노르망디의 지배자 윌리엄도 자신이 계승자라고 주장했다. 참회왕 에드워드가 덴마크 바이킹을 피해 노르망디에 피신했을 때 윌리엄에게 영국 왕위를 물려주겠다고 약속하기도 했다. 어디가 적통인지 모르는 혼란한 상황이었다. 이런 배경을 감안한다면 토착 세력과 외부 세력이라는 이분법이 적합해 보이지는 않는다.

노르웨이에서 먼저 쳐들어왔다. 해럴드의 동생인 토스티그Tostig는 노르웨이 편을 들었다. 해럴드는 전쟁을 간신히 승리했으나 한숨 돌릴 틈도 없이 헤이스팅스에서 윌리엄의 군대를 만났다. 해럴드의 군대와 윌리엄의 군대는 각각 7,000명에 불과했다. 계백 장군의 군대보다 겨우 2,000명 많았고, 신라군에 비해 7분의 1 규모였다. 해럴드와 윌리엄 모두 대단한 군사력은 아니었다. 전투는 막상막하였는데, 해럴드 왕이 눈에 화살을 맞아 전사했다.

645년에 당나라 군대가 고구려에 침입해 안시성 전투를 벌였을 때 당 태종이 눈에 화살을 맞고 퇴각한 역사가 떠오른다. 당시 안시성을 공격한 당나라 군대의 수가 10만 명이었다. 양만춘이 당 태종의 눈을 화살로 맞췄다는 것은 근거가 희박하며, 양만춘의 역사적 실존조차도 부정확하다는 주장이 있다. 줄리언 반스Julian Barnes의 소설《예감은 틀리지 않는다》에 등장하는 인물 파트리크 라그랑주가 "역사는 부정확한 기억이 불충분한 자료를 만나는 지점에서 발생하는 확신이다"라고 한 말이 떠오른다.

윌리엄은 헤이스팅스 전투를 승리로 이끌었고, 1066년 크리스마스에 웨스트민스터 사원Westminster Abbey에서 영국 왕에 등극했다. 이후 그는 유럽에 있던 봉건제를 영국에 정착시켰다. 봉건제가 허점이 많은 제도 같아도 당시로서는 선진적이고 효율적인 관리 시스템이었다. 정복자 윌리엄에서 시작된 영국은 후에 해상을 장악해 무역을 진흥하고, 산업혁명을 일으켰으며, 대영제국을 건설했다.

영국을 두루 둘러볼 예정이라면 헤이스팅스의 '1066 격전지'에서 출발해보는 것이 좋다. 헤이스팅스를 영국 역사의 시작이라고 말하기도 하지만 정확히 말하자면 영국 중세의 시작이라고 할 수 있다. 헤이스팅스 격전지는 정확히 남아 있지만 아쉽게도 백제의 후손들은 황산벌 전투 지점을 특정하지 못한다.

스톤헨지, 기원전 2500년의 신비

런던의 남동부에 도버, 켄트, 헤이스팅스가 있다면 남서부에는 솔즈베리Salisbury가 있다. 런던에서 차를 타고 두 시간 남짓 가면 스톤헨지 Stonehenge가 우뚝 솟아 있는 솔즈베리 평원이 나온다. 평원에는 양과 말이 풀을 뜯고 있고, 까마귀와 이름 모를 작은 새들이 들판을 가득 덮고 있다. 고대인의 거주지였던 올드새럼Old Sarum과 영국의 대헌장 마그나 카르타Magna Carta가 전시되어 있는 솔즈베리 대성당도 있다.

기원전 2500년에 만들어진 스톤헨지는 세로 4미터, 가로 2미터, 무게 250톤짜리 돌로 구성되어 있다. 누군가가 250톤짜리 돌을 260킬로미터를 운반해 솔즈베리 평원에 원형 구조물을 만들었다. 당시에 이곳에는 말과 수레바퀴가 없었기에 무거운 돌을 끌고 왔다는 것이 불가사의하다. 상형문자라도 있다면 스톤헨지의 쓰임새를 추정해볼 수 있겠지만 그런 것도 없다. 이것은 어디에 쓰는 구조물이었을까? 종교의식과 관련한 것이었을까?

말은 기원전 3000년경에 중앙아시아에서 가축화되었고, 2500년경에 다른 지역으로 전파되기 시작했고, 기원전 2000년경부터 전 세계적으로 사용되었다. 수레바퀴도 기원전 3000년경에 지금의 중동 지역에서 만들어져 2500년부터 다른 지역으로 퍼져나갔다. 상형문자는 이집트에서 기원전 3000년경에 만들어지기 시작해 2500년경에 정립되었다. 기원전 2500년에 이곳 솔즈베리에는 말도 없었고, 수레도 없었고, 상형문자도 없었지만, 스톤헨지를 만들 수 있을 정도의 거대 권력은 존재했다.

한민족의 역사를 반만년이라고 한다. 기원전 2333년에 단군왕검이 고조선을 세운 것으로 보면 한민족의 역사는 4354년이 된 셈이다. 이 숫자를 전설로만 생각했지 진지하게 받아들인 적이 없다. 기원전 2333년에는 날씨가 좋은 아프리카, 중동, 중국 남부에나 문명이 있었던 것은 아닐까? 백기완 선생의 글에 따르면 겨울에 함경도 숲에서는 추위에 참나무가 얼어 터지는 소리가 쩌렁쩌렁 났다고 한다. 그런 곳에서 기원전 2333년에 강력한 권력이 존재했다는 말이 믿기지 않았다.

백두산의 위도는 42도, 솔즈베리의 위도는 51도다. 솔즈베리가 훨씬

기원전 2500년, 이곳에는 수레도, 말도, 상형문자도 없었지만
스톤헨지를 만들 수 있을 정도의 거대 권력은 존재했다.

북쪽이다. 하지만 해양성 기후의 영향을 받아 겨울에 참나무가 얼어 터지는 소리가 쩌렁쩌렁 울릴 정도로 춥지는 않다. 그래도 매일 비가 오고 습해 겨울에는 거주하기에 열악하며 1년 중에 좋은 날씨는 여름 서너 달뿐이다. 이곳에 기원전 2500년에 스톤헨지를 만들 권력이 존재했다면 기원전 2333년 한반도 북부에 강력한 권력이 존재했다는 이야기를 전설로만 치부하는 것은 공정하지 못하다.

　말을 가축화하는 것, 수레바퀴를 만드는 것, 상형문자를 만드는 것, 스톤헨지 같은 거대 구조물을 만드는 것, 단군왕검이 고조선을 세운 것이 공교롭게 같은 시기에 서로 다른 지역에서 이뤄지고 있었다.

마그나 카르타, 민주주의의 시작

솔즈베리 평원에서 스톤헨지를 보고 나서 시내에 진입하면 우뚝 솟은 솔즈베리 대성당Salisbury Cathedral이 한눈에 들어온다. 그곳에는 A3 용지 크기의 문서 한 장이 전시되어 있다. 1215년에 귀족들이 왕의 권한을 제한하는 내용을 송아지 가죽에 작은 글씨로 빼곡하게 써놓고 존John 왕에게 강제로 승인하도록 한 마그나 카르타다.

　마그나 카르타에는 63개의 조항이 3,500단어의 라틴어로 쓰여 있다. 왕이 문서에 직접 사인을 한 것은 아니고 왕의 문서를 상징하는 봉인이 달려 있다. 최초에 13개가 작성된 것으로 추정되는데 현재는 네 개만 남아 있다. 하나는 솔즈베리 대성당에, 다른 하나는 링컨 캐슬

왕의 권한을 제한하는 63개의
조항이 적힌 마그나 카르타

Lincoln Castle에, 나머지 두 개는 영국도서관British Library에 전시되어 있
다. 각각은 글자 크기와 서지 형식이 다르다. 재미있는 것은 솔즈베리
대성당에 있는 마그나 카르타는 사진 촬영이 허용되지 않지만 영국도
서관의 소장본은 사진 촬영이 가능하다는 점이다.

　왕이 맘에 들지 않으면 스스로 왕이 되겠다고 나서는 사람이 나온다.
실패하면 반역, 성공하면 역성혁명이 된다. 힘은 있으나 혁명을 일으킬
용기가 없으면 허수아비 왕을 세우고 실권을 행사한다. 마그나 카르타
가 만들어진 1215년에 한반도에서는 무인들이 고려의 왕을 허수아비
로 만들고 자신들만의 권력을 휘둘렀다.

　마그나 카르타는 왕이 할 수 없는 것을 명문화함으로써 왕의 권한을
제도적으로 제한한 최초의 문서다. "대표가 없는 곳에는 세금도 없다"
는 미국 독립운동의 근거도 마그나 카르타에 기록되어 있다. "법에 의
하지 않고는 개인의 인신이 구속되거나 개인의 재산권이 제한되지 않
는다"는 민주주의 법질서의 기본 원칙도 표현되었다. 정치권력으로부

터 종교의 자유도 이곳에서 처음으로 나왔다. 왕은 벌금을 매길 때는 성직자가 교회로부터 받은 수입을 고려해서는 안 된다는 문구도 있다. 종교인 비과세의 역사적 근원이다. 헨리 8세Henry VIII의 종교 정책에 반대해 재판을 받았던 토머스 모어Thomas More가 자신을 방어하기 위한 수단으로 사용한 것도 마그나 카르타다.

고려 시대 무인들이 송아지 가죽과 붓을 왕 앞에 가지고 와서, 당신이 할 수 있는 일과 할 수 없는 일을 써놓자고 압박했다면 어땠을까? 수많은 무신정권의 칼잡이 중에는 왜 그런 장수가 한 명도 없었을까? 만약 그랬다면 마그나 카르타가 국립중앙박물관에 놓여 있을 것이고, 우리는 민주주의 종주국이라 주장할 수 있었을까?

'왕의 권한은 신으로부터 나온다'는 것이 왕권신수설이다. 신은 구약 시대 이후에 인간 세계에 직접 등장하지 않았으므로 신의 뜻은 교황을 통해서 나타나는 것으로 간주되었다. 중세의 왕권신수설 아래에서 '신 > 교황 > 왕 > 봉건영주(귀족) > 농민'의 권력 관계가 형성되었다. 당시 왕의 권한을 귀족이 제한하는 것은 단순히 왕권에 대한 도전이 아니라 교황권에 대한 도전이고 신에 대한 도전이었다. 왕의 권한은 신의 대리인인 교황에 의해서만 제한될 수 있기 때문이다. 그렇기에 마그나 카르타에 가장 먼저 분노한 것은 교황이었다. 교황 이노센트 3세Innocent III는 프랑스 군대를 이용해 마그나 카르타를 무력화시켰다.

그러나 마그나 카르타 정신은 살아남아 오늘에 이르고 있다. 마그나 카르타 이후 영국 왕의 권한은 늘 견제를 받았고, 그 견제에서 벗

어나려는 왕의 노력은 번번히 실패했다. 왕이 자신의 권한을 강화하려고 하면 할수록 왕권은 더욱 제약되는 방향으로 흘렀다. 영국의 국가 권력이 겸손하다면, 그 겸손함은 마그나 카르타에서 시작되었다고 말할 수 있다.

2장

전쟁과 외교, 영국은 어디로 가는가

전쟁의 시작과 끝, 웰링턴과 나폴레옹

정복자 윌리엄이 영국을 정복했을 때 그의 작위는 노르망디 공작Duke of Normandy이었다. 노르망디 공국은 프랑크 왕국의 일부였고, 공작이라는 작위도 프랑크 왕국의 왕으로부터 받은 것이었다. 윌리엄이 영국을 정복하자 프랑크 왕은 자신이 영국을 정복했다고 생각했지만 윌리엄의 생각은 달랐다. 영국 왕이 된 윌리엄은 자신이 프랑크 왕과 대등한 위치라고 생각했다. 윌리엄과 그의 아들인 윌리엄 2세William II, 헨리 1세Henry I는 프랑스어를 사용했지만 영국인처럼 행동했다.

영국에 노르만 왕조가 시작된 지 43년 만인 1109년에 영국과 프랑스의 전쟁이 시작되었고, 이후 700년이 넘게 전쟁이 지속되었다. 넬슨

Horatio Nelson은 1805년에 트라팔가르 해전에서 프랑스 해군을 물리침으로써 해상에서 프랑스의 위협을 제거했다. 웰링턴Arthur Wellesley은 1815년 벨기에 워털루에서 나폴레옹 군대를 무찔렀다. 나폴레옹은 중요 전투에서 영국군에 잇따라 패하면서 해상과 대륙에서 영향력을 상실했다. 워털루 전투에서 나폴레옹은 최종적으로 몰락했다.

나폴레옹 전쟁이 한창이던 1801년 이집트에서 작은 전투가 있었는데, 그곳에서 승리한 영국군은 프랑스군이 가지고 있던 역사적 유물을 빼앗았다. 프랑스군은 1799년에 이집트의 로제타 지역에서 높이 110센티미터, 폭 75센티미터, 두께 28센티미터짜리 돌을 발견했다. 1801년 영국 군대에 포위당해 항복한 프랑스 군인과 고고학자는 로제타석Rosetta Stone의 가치를 잘 알고 있었다. 그들은 다른 것은 포기해도 로제타석만은 지키고 싶어 했다. 프랑스 고고학자가 로제타석을 유난히 아끼는 모습을 본 영국군은 이 돌을 우선적으로 영국으로 가져갔고, 1802년부터 영국박물관에 전시하기 시작했다.

로제타석은 기원전 196년 이집트 왕의 칙령을 새겨놓은 돌이다. 상단에는 고대 이집트 상형문자로, 중간에는 고대 이집트어로, 하단에는 고대 그리스어로 칙령을 새겼다. 당시에는 이집트 상형문자는 고사하고 고대 이집트어조차 해석하지 못했다. 다행히 하단에 기록된 고대 그리스어는 잘 알고 있었기에 고대 이집트어와 이집트 상형문자를 해석할 수 있게 되었다.

1109년부터 1815년까지 706년 동안 38차례 치러온 영국과 프랑스의 전쟁은 워털루 전투를 마지막으로 끝이 났다. 런던 시내 곳곳에서 이를 기리기 위한 넬슨과 웰링턴의 동상을 볼 수 있다. 템스강 남부에 위치한 런던 최대 기차역 이름도 워털루다. 프랑스와의 전쟁을 최종적으로 끝낸 워털루 전투에 깊은 의미를 두고 있기 때문이다. 워털루 전투 이후 유럽에서 발생한 크림 전쟁과 두 차례 세계대전에서는 영국과 프랑스는 적군이 아닌 동맹군이었다. 그러나 세 차례 혈맹의 기억에도 불구하고 영국과 프랑스의 적대감은 지금까지 쉽사리 사라지지 않았다.

마르크스가 사랑한 곳, 영국박물관

영국박물관이 위치한 블룸스버리 지역을 걷다 보면 버트런드 러셀 Bertrand Russell, 존 메이너드 케인스John Maynard Keynes, 카를 마르크스 Karl Marx와 블라디미르 레닌Vladimir Lenin을 떠올리게 된다.

러셀 가문은 영국의 대표적인 명문가 중 하나다. 버트런드 러셀은 할아버지와 할머니 손에 컸는데, 할아버지 존 러셀John Russell은 두 번이나 영국 총리를 지냈다. 러셀 가문은 헨리 4세Henry Ⅳ의 아들로부터 시작되었다. 코번트가든, 소호, 블룸스버리 지역이 러셀 가문의 영지였다. 블룸스버리 지역에 가면 공원, 거리, 건물에 러셀이라는 이름이 많고, 영국박물관도 러셀 가문의 영지 한복판에 세워졌다.

존 메이너드 케인스는 버트런드 러셀과 교류하며 영감을 주고받았다. 영국박물관 옆에 러셀 스퀘어라는 공원이 있는데, 이곳을 중심으로

카를 마르크스가 살았던 집. 건물 외벽 한쪽에 이를 알려주는 표지판이 붙어 있다.

20세기 영국 아방가르드를 대표하는 예술가와 지성인이 모여 살았다. 이들을 블룸스버리 그룹이라고 하는데, 케인스가 그룹의 주요 멤버였다.

케인스가 살았던 러셀 스퀘어에서 영국박물관을 지나면 소호 스퀘어가 나오는데 그곳에 카를 마르크스가 살았던 집이 있다. 건물의 1층에는 배라피나Barrafina라는 유명한 해산물 레스토랑이 있다. 처음 친구와 그곳에서 만났을 때, 그 건물에 마르크스가 살았다는 사실을 몰랐다. 벽에 파란색 표지판이 붙어 있는데 3층 외벽에 붙어 있어서 잘 보이지 않는다.

레닌은 런던을 다섯 번 방문했다. 처음 방문했을 때는 1년 정도 있었고, 그 후 네 차례 방문했는데 그때마다 한 달 정도씩 머물렀다. 영

영국박물관의 모든 유물을 압도하는 엘긴 마블

국박물관에 가야 했기 때문에 레닌은 언제나 블룸스버리 지역에 숙소를 정했다.

영국박물관에는 800만 점의 유물이 있다. 이곳은 유물의 무덤이다. 유물이 이곳에 들어가는 순간 다른 수많은 유물에 비교돼 하나도 중요하지 않아 보인다. 이곳에서 가장 압도적인 유물은 엘긴 마블Elgin Marbles이다. 기원전 447년에 파르테논 신전이 지어질 때 만들어진 것으로 신전의 상단부를 장식하고 있는 조각상이다. 엘긴 백작Earl of Elgin이 1801년에서 1812년 사이에 오토만 제국으로부터 허가를 받고 매입해왔다고 주장하는 유물이다. 파르테논 신전은 유네스코UNESCO의 로고며, 영국박물관 건물도 파르테논 신전의 구조를 본떠 만들었다. 파르테논 신전이 세계문화유산 중에 가장 중요한 유물이라는 의미다. 영국박물관에 고스란히 전시되어 있는 엘긴 마블의 정교함과 역동성을 보고 나면, 로제타석을 포함한 수많은 고대 이집트 유물조차도 별로 중요하지 않게 느껴진다.

영국박물관은 1973년에 영국도서관이 분리되어 이전될 때까지 세상의 온갖 희귀 서적을 보유하고 있었다. 박물관 맨 위층에 도서관이 있었는데, 보유하고 있던 장서뿐 아니라 도서관을 이용했던 인물 때문에 유명한 공간이다. 책을 영국도서관으로 옮긴 후에도 도서관 공간을 그대로 유지하고 있는 것은 도서관에서 책을 열람했던 역사적 인물의 숨결을 없앨 수가 없었기 때문이다. 카를 마르크스, 쑨원孫文, 오스카 와일드Oscar Wilde, 마하트마 간디Mahatma Gandhi, 러디어드 키플링Joseph Rudyard Kipling, 조지 오웰George Orwell, 조지 버나드 쇼George Bernard Shaw, 마크 트웨인Mark Twain, 블라디미르 레닌, 버트런드 러셀, 존 케인스, 프리드리히 하이에크Friedrich Hayek, 버지니아 울프Virginia Woolf, 아서 코난 도일Arthur Conan Doyle 등등 이름만 들어도 쟁쟁한 인물들의 숨결이 이곳에 남아 있다. 영국박물관이 유물의 무덤이라면, 박물관 내 도서관은 저명인사의 무덤이다. 지금은 킹스크로스로 옮겨진 영국도서관에서 책을 빌려 본다면, 역사적 인물의 손때가 묻은 책을 접할 수가 있다.

앞서 열거한 인물 중에 영국박물관을 가장 많이 찾았던 인물은 카를 마르크스다. 그가 거처하던 집에서 영국박물관까지는 걸어서 10분 거리다. 마르크스는 매일 영국박물관 내의 도서관에 가서 책을 보며 글을 썼다. 마르크스는 이곳에서《공산당 선언》과《자본론》을 썼고, 혁명을 생각했다. 고리타분한 박물관과 도서관에서 변혁을 구상한 것도 묘하다.

마르크스는 프러시아 사람이었지만 주로 런던에서 살았다. 런던에는 그가 살았던 곳, 자주 갔던 곳, 혁명가와 만났던 곳, 공부했던 곳과 그를 기념하는 곳이 있다. 마르크스는 1883년에 런던에서 죽었고, 하이게이트 공동묘지에 묻혔다. 묘지석의 상단에는 "만국의 노동자여 단결하라!"는 말이, 하단에는 "그간 철학자들은 여러 가지 방식으로 세상을 해석하려고만 했다. 그러나 중요한 것은 세상을 변혁하는 것이다"라고 적혀 있다. 마르크스의 명성에 비해서 영국인은 마르크스에게 큰 관심이 없다. 묘지에 한두 송이 꽃이 놓이지만 쓸쓸한 분위기를 감출 수 없다.

버트런드 러셀은 19~20세기에 걸쳐 가장 영향력 있는 철학자로 마르크스를 꼽았다. 그러나 그 영향을 부정적으로 평가했다. "철학이 우리에게 행복을 가져다주기 위해서는 선의에 기반을 두고 있어야 하는데, 마르크스의 철학에는 선의가 없다. 마르크스는 프롤레타리아트의 행복을 지향하는 척했지만 그가 원했던 것은 부르주아지의 불행이었다. 이런 부정적인 철학, 증오의 철학은 반드시 재앙을 가져오게 된다." 이러한 평가는 부르주아지였던 러셀의 계급적 기반에서 나온 평가라고 할 수 있다. 케인스의 마르크스에 대한 평가는 더 박했다. 케인스는 마르크스의 《자본론》을 읽으려고도 하지 않았다.

레닌이 영국박물관을 찾아 책을 읽고 글을 쓴 것은 마르크스를 만나고 싶었기 때문인지도 모른다. 마르크스는 1883년에 세상을 떠났는데,

레닌이 영국을 처음 방문한 것은 1902년이다. 레닌은 마르크스를 만날 기회가 없었다. 영국박물관이 마르크스의 뜻을 레닌에게 전달해주었을까?

버트런드 러셀은 1920년에 크렘린으로 레닌을 만나러 갔다. 러셀은 레닌 집무실의 검소함, 레닌의 소탈함과 뛰어난 영어 실력에 놀랐지만 레닌이 가지고 있던 경직된 생각에는 실망했다. 러셀의 눈에 레닌은 마르크스 사상의 도그마에 빠진 사람으로 비쳤다. 그는 레닌을 만난 후에 사회주의에 대한 미련을 버렸다.

영국박물관은 성공적인 전쟁과 외교적 노력의 산물로 파르테논 신전과 로제타석을 가지게 되었다. 그리고 이것은 성공적인 거래의 산물이기도 하다. 레닌이 건설한 소련은 세상에서 가장 값어치 있는 서적 중 하나인 '코덱스 시나이티쿠스'를 영국박물관에 단돈 10만 파운드에 팔았다(이에 관해서는 5장에서 다시 자세하게 다룬다).

엑스포의 시작, 발레와 제국주의

1851년 런던의 하이드 파크에서 세계 최초의 엑스포EXPO가 개최되었다. 박람회는 크리스털 팰리스Crystal Palace라고 명명된 건축물에서 진행되었는데, 철골과 유리로 만들어진 세계 최초의 건물이었다. 산업화된 영국을 상징하는 이 건축물은 박람회가 끝나고 통째로 런던 남부의 시드넘 힐Sydenham Hill로 옮겨졌다. 이렇게 지금의 크리스털 팰리스 공

철골과 유리로만 지어진 세계 최초의 건물 크리스털 팰리스　　　크리스털 팰리스 공룡 공원

원이 탄생했다. 전시관 이외에도 공룡 공원이 만들어졌는데, 세계 최초의 테마파크로 조성되었다(한 문단에 세계 최초라는 단어를 몇 번이나 쓴 것인가?).

1854년에 만들어진 공룡 모형은 지금도 공원에 그대로 남아 있다. 하지만 티라노사우르스나 트리케라톱스 같은 유명한 공룡은 없다. 티라노사우르스가 발견된 해가 1874년이고, 트리케라톱스가 발견된 해가 1889년이기 때문이다. 대신 이구아노돈을 비롯한 여러 공룡이 있는데, 현재의 이구아노돈과는 차이가 있다. 1854년의 복원 기술이 지금과는 달랐기 때문이다.

시드넘 힐로 옮겨진 크리스털 팰리스에서 영국이 아편 전쟁(1839~1842, 1856~1860) 중에 빼앗은 중국 유물을 전시한 적이 있다. 이 전시는 중국인과 영국 지성인을 격분시켰다. 그중에는 카를 마르크스와 프리드리히 엥겔스Friedrich Engels도 있었다. 후에 영국 총리를 한 윌리엄 글래드스턴William Gladstone은 "아편 전쟁만큼 영국 역사를 불명예스럽게 만든 것은 없다"라고 말했다.

오늘날의 영국인은 아편 전쟁을 어떻게 바라볼까? 영국인에게 아편 전쟁은 수많은 제국주의 침략 사건 중의 일부였고, 20세기에는 그보다 더한 사건도 많았기에 그들의 기억 속에서 희미해졌다. 물론 중국인은 아편 전쟁을 결코 잊지 않는다.

아편 전쟁과 관련해 잠시 다른 이야기를 해보자. 발레는 루이 14세 Louis XIV의 프랑스 궁전에서 시작되었고, 러시아 황실의 후원으로 페테르부르크와 모스크바에서 발전했다. 1877년에 볼쇼이 극장에서 〈백조의 호수〉가 차이콥스키Peter Ilich Tchaikovsky 음악과 함께 초연되면서 발레의 전성기가 시작되었다. 그러다가 1917년 10월 러시아에 혁명이 일어나 소비에트 정부가 수립되자 궁정과 귀족의 예술이었던 발레는 소련에서 사라질 위기에 처했다. 이에 발레리나, 안무가, 음악가들이 소련을 떠났다. 그중 한 명이 경제학자 케인스와 결혼한 리디아 로포코바Lydia Lopokova다. 이러한 격동에도 발레는 소련에서 살아남았다. 아나톨리 루나차르스키Anatoly Lunacharsky 교육부 장관이 레닌을 설득해 발레를 존속시켰다. 레닌은《무엇을 할 것인가?》라는 책에서 "상상력 없이는 사회주의를 건설할 수 없다"라고 말했다. 루나차르스키의 노력과 레닌의 예술적 감성 덕에 발레가 소련에서 살아남을 수 있었다.

러시아 혁명 후 등장한 최초의 발레는 〈붉은 양귀비꽃Red Poppy〉이다. 1927년에 초연된 이후 3,000회 이상 공연된 소련 발레의 대표작이다. 이 작품은 1920년대 중반의 중국을 배경으로 한다. 전체적인 내용은 다음과 같다.

중국의 어느 항구에서 영국인 제국주의자가 중국인 잡역부를 착취하는 모습을 본 소련 함장이 그 중국인을 구해낸다. 그 모습을 본 중국의 한 화류계 여성은 소련 함장에게 사랑에 빠져 붉은 양귀비꽃을 건넨다. 다른 남자와 사랑에 빠진 여성을 보면서 그녀의 남자 친구가 질투심을 느끼고, 우여곡절 끝에 화류계 여성은 죽게 된다. 죽으면서 그녀는 붉은 양귀비꽃을 다른 중국 여성에게 전달한다.

중국인이 보기에 이 작품은 두 가지 점에서 일고의 가치도 없는 작품이다. 하나는 중국 여성을 화류계 여성으로 묘사했다는 점이며, 다른 하나는 중국인들에게 커다란 상처인 아편 전쟁을 스캔들의 소재로 삼았다는 점이다. 소련은 발레를 통해 제국주의에 대항하는 소련과 중국의 연대감을 표현하려고 했지만, 정작 드러난 것은 중국에 대한 소련의 무지였다.

소련과 중국은 사이가 나빴다. 이념은 같았지만 노선에 차이가 있었다. 노선 때문에 감정이 상한 것이 아니라, 감정 때문에 노선이 생긴 것일 수도 있다. 중국 고위 관료가 모스크바에 방문할 때마다 소련은 연대의 차원에서 〈붉은 양귀비꽃〉 관람을 추천했다. 하지만 중국 관료들은 이 작품을 보지 않았다. 소련은 뒤늦게 발레의 스토리를 바꿨고, 제목도 〈붉은 양귀비꽃〉에서 〈붉은 꽃〉으로 변경했다. 그렇다고 해서 소련과 중국의 간극이 좁혀진 것은 아니었다. 마오쩌둥毛澤東이 소련을 방문했을 때, 소련은 〈붉은 양귀비꽃〉의 관람을 권유했지만 마오쩌둥은 거절하고 〈백조의 호수〉를 관람했다. 엉터리 혁명극을 보는 것보다는 퇴폐적인 궁중 예술을 보는 것이 좋다고 생각한 것일까?

1936년 크리스털 팰리스 화재 현장 사진

아편 전쟁은 중국에 커다란 상처다. 크리스털 팰리스는 1937년에 화재로 일부가 소실되었고, 제2차 세계대전 때 나머지가 철거되었다. 독일의 공습으로 폭탄이 떨어진다면 유리 조각 파편을 감당할 수가 없었기 때문이다. 지금은 주춧돌, 돌계단, 조각상 등이 남아 있다. 2013년에 중국 재벌인 니자오싱Ni Zaoxing은 영국 산업화의 상징인 크리스털 팰리스를 복원해주겠다고 제안했지만 영국은 받아들이지 않았다. 중국은 이것을 왜 복원하려고 했으며, 영국은 왜 거부했을까?

'중국의 근대화 역사는 아편 전쟁에 대한 복수의 역사'라고 말하기도 한다. 아편 전쟁의 결과로 영국은 홍콩을 차지했고, 이후 홍콩은 아시아 금융의 중심지가 되었다. 1984년 중국과 영국은 홍콩의 미래에 대해 합의했다. 영국은 1997년 홍콩을 중국에 반환했고, 중국은 반환후 50년 동안 기존 홍콩 체제를 유지할 것을 약속했다. 그러나 중국은 홍콩에 대한 지배력을 강화하고 있고, 홍콩은 반발하고 있으며, 영국은

로열 오페라 하우스의 라운지
로열 오페라 하우스는 로열 오페라단, 로열 발레단, 로열 오페라 하우스 교향악단의 공연이 열리는 곳이다.

Ruinart

1984년 합의에 관해 이야기하고 있다. 중국 입장에서는 아편 전쟁이 끝난 것이 아니다.

양귀비꽃으로 전쟁 희생자를 기리다

영국은 나폴레옹 전쟁, 아편 전쟁과 크림 전쟁을 포함한 대부분의 19세기 전쟁을 잊었다. 그러나 20세기에 있었던 두 차례 세계대전은 잊고 싶어 하지 않는다. 특히 제1차 세계대전에 각별한 의미를 부여한다.

독일과 오스트리아를 한편으로 하고, 프랑스와 러시아를 한편으로 하는 전쟁이 1914년에 발발했다. 독일, 오스트리아, 프랑스, 러시아는 조국을 지키는 전쟁을 했다. 그러나 영국은 그 전쟁에 끼어들 이유가 없었다. 처음에는 유럽의 세력 균형을 위해, 다음으로는 전쟁을 끝내기 위해 전쟁에 참여했다. 세력 균형이라는 모호한 가치, 전쟁을 끝내기 위한 전쟁이라는 모순 때문에 80만 명 이상의 젊은이가 희생되었다.

히틀러라는 절대 악이 있었던 제2차 세계대전과 달리, 제1차 세계대전 시 독일군은 프랑스와 러시아 연합군에 비해 더 나을 것도 나쁠 것도 없었다. 영국 왕가의 이름인 윈저Windsor의 직전 이름은 하노버였다. 당시 영국과 독일은 왕가뿐 아니라 음악가, 철학자, 과학자가 활발히 교류하고 있었다. 정서적으로 프랑스보다 독일과 가까운 상황이었다. 경제적으로 볼 때도 독일은 영국 다음으로 산업혁명에 성공한 나라였고, 가장 큰 교역 상대국이었기에 전쟁할 이유가 없었다.

다만 유럽의 세력 균형 측면에서 볼 때 독일은 큰 위협이 되는 나라였다. 발전된 산업을 바탕으로 군함과 잠수함 건조에 몰두하고 있었다. 영국 해군력에 대한 도전은 나폴레옹도 엄두를 내지 못했던 일이다. 제1차 세계대전에서 독일 해군은 영국 해군과의 전투에서 승리하지는 못했지만 심대한 타격을 입혔다. 영국 입장에서는 스페인 무적함대와의 해전 이후 가장 큰 위협이 찾아온 것이다. 영국은 빠르게 성장하는 독일을 견제하기 위해 자국의 젊은이를 사지로 내몰았다. 매달 1,100만 통의 편지와 100만 개의 소포가 전쟁터로 보내졌다. 아홉 가구 중 세 가구에서 부상자가 나왔고, 한 가구에서 사망자가 생겼다.

프랑스와 러시아는 제1차 세계대전을 승리로 여긴다. 그러나 같은 편이었던 영국은 제1차 세계대전을 승리로 기리지 않고 희생으로 기린다. 그들은 전쟁을 끝내기 위해 전쟁에 나갔지만, 전쟁을 끝내지 못하고 더 큰 전쟁의 불씨만을 남겼다.

많은 전쟁 희생자가 발생했던 프랑스 북부와 벨기에 지역에 붉은색의 야생 양귀비가 흐드러지게 핀다. 붉은 양귀비는 제1차 세계대전의 희생자를 추모하는 상징이다. 매년 추모일이 되면 영국인들은 저마다 가슴에 양귀비꽃을 달고 다닌다. 버스 외관도 양귀비 디자인으로 바꾸고, 택시도 양귀비꽃을 달고, 축구 선수들도 양귀비 유니폼을 입으며, 심지어 축구장 코너 깃발도 양귀비 문양으로 바꾼다.

추모일인 11월 11일에는 매년 4,500만 송이의 양귀비꽃이 팔린다. 영국 인구가 6,700만 명이라는 것을 감안하면 그 수가 얼마나 많은지 짐작할 수 있다. 양귀비꽃 판매로 거둔 수익은 750억 원에 달하며, 이

웨스트민스터 사원의 전쟁 희생자 기념 표식

돈은 전쟁 희생자를 위해서 사용된다. 붉은 양귀비꽃이 전쟁을 정당화
하는 의미가 있다고 해서 반전운동가나 평화주의자는 흰색 양귀비꽃
을 가슴에 단다. 흰색 양귀비도 10만 개가 판매된다고 하니 반전운동
세력도 만만치 않은 셈이다. 그뿐만 아니라 전쟁에 희생된 동물을 기
념하기 위해서 보라색 양귀비꽃을 달기도 한다. 제1차 세계대전에 희
생된 말과 당나귀만 800만 마리에 달한다고 하니 제1차 세계대전이 유
럽 전체에 미친 영향을 짐작할 수 있다.

　런던의 웨스트민스터 사원 잔디밭에는 전사한 군인의 이름이 적힌
십자가 표식이 빽빽하게 꽂혀 있다. 갈색의 십자가 표식은 떨어진 낙
엽과 뒤섞여 있어 낙엽처럼 보인다. 영국 작가 앨리스 오스월드Alice
Oswald는《메모리얼Memorial》에서 호메로스의《일리아스Ilias》에 나오는

낙엽의 역사가 얼마나 중요한지, 낙엽의 역사가 의미하는 것이
무엇인지를 11월 초에 웨스트민스터 사원에 가면 느낄 수 있다.

215명의 전쟁 희생자 한 명 한 명의 삶을 노래했다. 그러면서 붙인 이름이 바로 〈낙엽의 역사〉다. 낙엽의 역사가 얼마나 중요한지, 낙엽의 역사가 의미하는 것이 무엇인지를 11월 초에 웨스트민스터 사원에 가면 느낄 수 있다.

일요일에 웨스트민스터 사원에 가면 아침부터 저녁까지 다양한 예배를 경험할 수 있다. 영국 성공회 예배도 경험하고, 웅장하게 울려 퍼지는 성가대의 음악도 들을 수 있다. 평일이라면 사원에 들어가기 위해 입장료를 내야 하지만, 일요일 예배는 입장료 없이 들어갈 수 있으니 더욱 좋다. 웨스트민스터 사원 내부의 가장 빛나는 자리에는 '어느 무명용사'의 표지석이 있다. 영국을 빛낸 3,300명의 역사적 인물을 제치고 가장 중요한 위치에 자리 잡고 있다. 낙엽의 표지석이다. 낙엽은 언제나 그렇듯이 이름이 없다.

종전 회담, 윈스턴 처칠과 폴란드인 배관공

2020년 여름에 벌어진 인종차별 반대 시위Black Lives Matter 중에 윈스턴 처칠Winston Churchill의 동상이 훼손되었다. 영국에서 윈스턴 처칠의 위상은 우리가 생각하는 것보다 훨씬 높다. 영국 사회에서 큰 영향력을 행사했던 인물들은 사후 웨스트민스터 사원 묘지에 묻히는데 정문 입구 정중앙에서 가장 처음 만날 수 있는 표지석이 윈스턴 처칠의 것이다. 그만큼 처칠은 영국 역사의 상징과 같은 인물이다.

웨스트민스터에 있는 처칠 동상. 개인적으로 뒷면이 특히 마음에 든다.

웨스트민스터 사원을 나와서 템스강변으로 가다 보면 빅벤Big Ben, 웨스트민스터 의회와 런던아이London Eye가 한눈에 보이는 위치에 처칠 동상이 있다. 처칠의 동상은 늙고 구부정하고 뚱뚱한 모습이다. 처칠이 자신의 동상을 봤다면 분명히 좋아하지 않았을 것이지만, 예술적으로 잘 만들어졌다. 개인적으로는 뒷모습이 특히 좋다. '영국의 위대한 100인'에 엘리자베스 1세Elizabeth I, 아이작 뉴턴Isaac Newton, 찰스 다윈Charles Darwin, 윌리엄 셰익스피어William Shakespeare 등을 멀찌감치 따돌리고, 늘 일등을 하는 인물이 처칠이다. 보리스 존슨Boris Johnson 총리가 가장 좋아하는 인물도 처칠이다.

얼마 전에 우리 집 화장실을 대대적으로 수리한 적이 있다. 이때 일을 해준 배관공은 레젝Leszek이라는 폴란드인이었다. 인상이 온화하고 꼼꼼하게 일하는 모습이 좋았지만, 일이 더딘 게 흠이었다. 변기 네 개를 바꾸는 데 다섯 시간, 수도꼭지 두 개를 바꾸는 데 한 시간, 욕조 실리콘을 교체하는 데 한 시간이 걸렸다. 그 일곱 시간 동안 화장실에서 배관공으로부터 폴란드의 지리와 역사, 그리고 얄타 회담과 포츠담 회담에 관한 이야기를 들었다.

그가 역사에 대한 해박한 지식을 가지고 있기에 폴란드에서 역사 선생님이었냐고 묻자 "어릴 적에 아버지가 공부 안 하면 건축 노동자가 될 것이라고 말하곤 했다. 아버지 말처럼 되었다. 그런데 나는 이 일이 좋다. 폴란드에서는 건축 노동자도 얄타 회담이나 포츠담 회담에 대해서는 잘 안다"라고 대답했다.

레젝은 30년 전 자신이 폴란드에 살 때 만난 독일인 할아버지 이야기를 들려주었다. 레젝은 폴란드의 코샬린Koszalin 출신이었는데, 30년 전 어느 날 한 독일인 할아버지가 그의 집에 찾아왔다. 선물을 들고 와서는 레젝의 집을 둘러볼 수 있느냐고, 집 근처에서 조금만 머물다가 가도 되겠느냐고 물었다. 레젝은 낯선 독일인이었지만, 선한 인상을 한 할아버지의 부탁을 거절할 수가 없었기에 그 요청을 허락했다. 한 시간쯤 집과 주변을 둘러보던 노인은 이렇게 말했다. "저기 있는 체리 나무는 내가 심은 거예요. 그리고 저기 보이는 저 돌담은 옛날에는 지금보다 더 높았지요." 레젝이 살던 집은 제2차 세계대전 이전에는 그 독일인 할아버지의 집이었다.

제2차 세계대전으로 폴란드의 국경은 큰 변화가 있었다. 나라 전체가 동쪽에서 서쪽으로 밀려버렸다. 폴란드는 자국의 동쪽 땅을 소련에게 내주고, 대신에 독일 동쪽의 땅을 받았다. 당시 독일에게 받은 땅이 소련에게 내어준 땅보다 작아서 폴란드는 순식간에 체코Czechia 크기의 국토 면적을 잃었다. 대신에 받은 땅의 인프라와 토양이 좋았고, 바다에 접하는 면적도 늘었기 때문에 경제적으로 따지면 손해라고 볼 수는 없었다. 그러나 대규모 국경 변경은 많은 사람들을 강제 이주시켰다. 코살린은 제2차 세계대전 이전에는 독일 땅이었는데, 전쟁 이후에 폴란드의 영토가 된 도시다. 독일 할아버지는 동유럽과 서유럽이 화해 분위기가 형성되자 자신의 고향을 찾아온 것이다.

영국, 미국과 소련의 정상이 처음 만난 곳은 1943년 테헤란이다. 두 번째 만난 곳은 전쟁의 끝 무렵인 1945년 2월 얄타였다. 마지막 만난 곳은 독일이 항복한 후인 1945년 7월 포츠담이다. 이 세 번의 회담을 통해서 전후 유럽의 질서가 정해졌다. 테헤란과 얄타에서는 영국의 처칠, 미국의 루스벨트Franklin Roosevelt, 소련의 스탈린Joseph Stalin이 만났다. '루스벨트는 처칠을 신뢰하지 않았고, 처칠은 루스벨트와 스탈린을 신뢰하지 않았고, 스탈린은 루스벨트와 처칠 그리고 자기 자신마저 신뢰하지 않았다'는 우스갯소리가 있다.

미국 주도의 UN을 생각하고 있던 루스벨트는 대영제국의 부활을 꿈꾸는 처칠을 믿지 않았다. 그리고 제2차 세계대전으로 큰 타격을 입은 소련을 경계하지 않았으며, 소련과 스탈린을 잘 파악하고 있지도 못했다. 모스크바 주재 미국 특파원들은 소련에서 제공하는 향응과 러시아

미녀의 공세 속에서 소련에 대해 호의적인 기사만을 본국으로 송고했다. 루스벨트는 스탈린이 자신과 보조를 맞추면서, 세계 민주주의 발전에 공헌할 것이라고 기대했다.

반면 영국은 소련과 스탈린을 잘 알고 있었다. 러시아 혁명 직후부터 영국의 지식인은 끊임없이 소련을 방문하고 면담하고 관찰했다. 소련의 이념과 물질 공세에 마음을 빼앗긴 지식인도 있었지만, 대부분은 소련과 스탈린의 위험성을 간파했다. 처칠은 스탈린의 공산당이 히틀러의 나치보다 큰 위협이라고 생각했다.

얄타 회담과 포츠담 회담은 대체로 소련의 의도대로 흘러갔다. 자신만만했던 루스벨트는 얄타 회담 후에 사망했고, 부통령이던 해리 트루먼Harry Truman이 대통령이 되어 포츠담 회담에 참여했다. 루스벨트로부터 부통령 대우를 받지 못했던 트루먼은 전시 작전 회의에도 한 번 참여해본 적이 없고, 미국이 핵폭탄을 만들고 있다는 사실도 몰랐으며, 백악관에서 루스벨트를 만난 것도 두 차례에 불과했다.

스탈린을 견제하던 처칠은 포츠담 회담이 진행되던 도중에 총리에서 물러났다. 총선 결과가 포츠담 회담 중간에 나왔는데, 놀랍게도 전쟁을 승리로 이끈 보수당이 노동당에게 패하고 말았다. 영국에는 정권의 인수인계 절차가 따로 없으며, 총선 결과가 나오는 당일에 정권이 교체된다. 회담 중간에 영국 대표가 보수당의 처칠에서 노동당의 애틀리Clement Atlee로 변경되었다. 자연스럽게 회담의 주도권은 소련의 스탈린에게 넘어갔다. 포츠담 회담의 결과 많은 변화가 있었고, 그중 하나가 폴란드 영토의 상당 부분을 소련이 차지하는 것이었다. 대신에 폴란드에게는 독일 영토의 일부가 주어졌다.

미국의 트루먼은 뒤늦게 소련의 의도를 간파했고 그제서야 소련을 경계하기 시작했다. 트루먼과 아이젠하워Dwight Eisenhower가 집권하는 동안에 미국에는 무분별하게 공산주의자를 색출해내는 매카시즘 McCarthyism 광풍이 불었다. 런던에서 태어나 자라고 미국에서 성공한 배우이자 영화 제작자인 찰리 채플린Charlie Chaplin도 매카시즘 아래서 공산주의자라는 누명을 쓰고 미국을 떠날 수밖에 없었다. 소련과 미국 의 경쟁은 사생결단이었다. 그 과정에서 스탈린은 작곡가인 쇼스타코 비치Dmitry Shostakovich를 미국으로 보내 소련을 찬양하도록 명령했다. 영국인 작가 줄리언 반스는 미국과 소련이 경쟁하는 과정에서 도구로 활용된 쇼스타코비치의 이야기를 담아《시대의 소음Noise of Time》이라 는 책을 펴냈다.

레젝의 폴란드 이야기에 화답하는 차원에서 나는 소설 속에 나오는 쇼스타코비치와 스탈린의 대화 내용을 들려주었다. 스탈린이 쇼스타 코비치에게 전화를 해서 미국에서 개최되는 '세계 평화를 위한 예술인 대회'에 소련 대표로 참가해달라고 부탁했다. 쇼스타코비치가 몸이 안 좋아서 못 간다고 하니 의사를 불러주겠다고 했다. 비행기 멀미를 해 서 못 간다고 하니 좋은 멀미약을 소련이 개발했다고 했다. 연미복이 없어서 못 가겠다고 하니 제일 좋은 연미복을 맞춰주겠다고 했다. 자 신의 음악이 미국에서는 연주되는데 소련에서는 금지되었다고 하니 착오로 이뤄진 금지 조치라며 당장 풀어주겠다고 했다. 이에 더 이상 변명 거리가 사라지자 쇼스타코비치는 할 수 없이 뉴욕에 가서 소련을

버리고 미국으로 망명한 스트라빈스키Igor Stravinsky를 비난하는 연설을 했다. 스트라빈스키는 쇼스타코비치가 가장 좋아하던 음악가였다.

배관공 레젝은 쇼스타코비치의 뻔한 변명에 웃음을 보였다. 스탈린 공포정치의 희생자나 쇼스타코비치 음악 팬이 레젝의 웃음을 보았다면 '그게 웃을 일이냐?'고 정색할 수도 있겠지만, 그는 스탈린 정치의 희생양인 폴란드인이므로 그럴 만한 자격을 가진다. 그리고 쇼스타코비치의 조상도 19세기 러시아로 유배를 온 폴란드인이다. 그는 말한다.

"러시아인과 보드카를 마시는 것은 좋지만, 같이 일하고 싶지는 않아요. 영국에서 돈을 벌어 폴란드 의대에 다니는 딸의 학비를 대줄 수 있어서 좋지만, 런던의 거친 경쟁이 싫어요. 과거는 과거일 뿐이고, 노후에는 독일에 가서 살 거예요. 지금은 독일인도 폴란드에서 살 수 있고, 폴란드인도 독일에서 살 수 있는 좋은 시대입니다. 혼란을 틈타 처칠의 동상을 훼손하는 일은 반달리즘vandalism입니다. 공공의 재산을 고의적으로 파괴하는 반달리즘은 히틀러와 스탈린으로 충분해요."

영국에는 100만 명의 폴란드인이 살고 있고, 여러 산업 분야에서 양질의 노동을 제공하고 있다. 많은 폴란드인이 영국으로 이주해 생기는 폴란드의 노동 공백은 벨라루스와 우크라이나에서 온 노동자들이 메우고 있다.

영국과 프랑스, 달콤한 적대 관계

누구나 한 번쯤은 파티의 흥을 깨거나 주변 사람을 성가시게 하지 않을 목적으로 말없이 자리를 떠나본 경험이 있을 것이다. 이를 영어에서는 '프랑스식 자리 뜨기French leave'라고 표현한다. 이 단어가 처음 쓰이기 시작한 것은 1771년이다. 당시 영국 사람들은 예의 없는 행동에 '프랑스'라는 단어를 가져다 붙였다. 프랑스에서는 반대로 '영국식 자리 뜨기English style leave'라고 하며, 19세기부터 사용하기 시작했다. 영국의 프랑스 비하에 대한 프랑스식 응답이었다.

구소련과 동유럽 지역은 이것을 '영국식 자리 뜨기'라고 해 프랑스의 손을 들어주며, 독일과 스페인은 '프랑스식 자리 뜨기'라고 해 영국 편에 서준다. 경쟁 관계에 있거나 싫어하는 나라의 이름을 가져다 붙인 셈이다. 미국에서는 이것을 '아일랜드식 작별Irish goodbye'이라고 부른다.

영국과 프랑스의 오래된 경쟁 관계를 역사학자 로버트 톰스Robert Tombs는 '달콤한 적대 관계sweet enemy'라고 표현했다. 서로 경쟁하면서 발전했기 때문에 달콤하다는 단어를 썼지만, 역사의 현장에서 양국 간에 달콤한 시기는 그리 길지 않았다.

전 프랑스 대통령 샤를 드골Charles de Gaulle은 얄타 회담과 포츠담 회담에 참여하고 싶었다. 얄타 회담은 단순한 친목 모임이 아니라 전후 유럽의 질서를 정하는 자리였기에 처칠, 루스벨트, 스탈린은 한결같이 샤를 드골을 참여시킬 마음이 조금도 없었다. 그렇게 유럽의 전후 질서가 영국, 미국, 소련만의 합의로 결정되었다. 샤를 드골은 이 굴욕을 죽을 때까지 잊지 않았고 처칠과 루스벨트, 스탈린을 끝까지 용서하지 않았다. 얄타 회담에서 프랑스가 빠진 순간, 세계대전은 끝나지 않았지만 프랑스와 독일의 전쟁은 사실상 종료된 것이나 다름없었다. 샤를 드골은 독일보다 영국과 미국을 적으로 생각하기 시작했다.

제2차 세계대전이 끝나고, 1951년에 유럽석탄철강공동체ECSE, European Coal and Steel Community가 출범했다. ECSE가 확대되어 1957년에는 유럽경제공동체EEC, European Economic Community가 되었다. 이는 오늘날의 유럽연합EU, European Union의 전신이다. EEC 출범 당시 회원국은 프랑스, 서독, 이탈리아, 네덜란드, 벨기에, 룩셈부르크였다. 1961년에 영국이 가입하려고 할 때, 프랑스 샤를 드골은 영국이 가입하면 EEC에 미국의 영향력이 강화될 것이라며 반대했다. 그는 영국을 미국이 유럽에 보내는 트로이 목마Trojan horse라고 폄하했고, 영국인은 드골의 생각을 전혀 납득하지 못했다. 결국 영국은 샤를 드골이 죽고 난 후인 1973년에야 EEC에 가입할 수 있었다.

이후에도 영국과 프랑스는 다른 길을 갔다. 마거릿 대처Margaret Thatcher가 집권한 영국은 공기업 민영화와 사회복지를 후퇴시키는 자유주의 정책을 선택했고, 미테랑François Mitterrand이 집권한 프랑스는 주요 기업을 국영화하고 복지를 강화하는 사회주의적 정책을 추진했다. EEC가 EU로 발전했고, 단일 통화 유로EURO가 출범했으며, 유럽 군대가 추진되는 과정에서 영국은 프랑스와 줄곧 다른 목소리를 냈다. 결국 2016년에는 EU를 탈퇴하는 브렉시트BREXIT를 선택했다.

영국이 유럽연합을 떠나는 협상 과정은 험난했고, 잘못하면 노딜No Deal(합의 없는 탈퇴)이 될 수도 있었다. 그렇게 되면 영국의 브렉시트는 몰래 파티를 떠나는 '프랑스식 자리 뜨기' 또는 '영국식 자리 뜨기'가 될 수도 있었다. 많은 EU 회원국이 끝까지 브렉시트를 방해하거나 아쉬워하는 태도를 보였지만, 프랑스만은 영국의 브렉시트를 담담하게 받아들였다.

브렉시트, 영국과 프랑스의 다른 길

영국과 프랑스를 잇는 터널은 1994년 완공되었다. 200년 가까이 진행된 논란에 마침표를 찍고, 도버해협을 가로질러 영국과 프랑스가 마침내 터널로 연결된 것이다. 자동차에 승차한 채로 기차를 탈 경우에 도버에서 칼레까지 30분이면 갈 수 있다.

런던에서 파리로 가는 기차의 이름은 EU 국가에 있는 별을 의미하는 유로스타Eurostar다. 유로스타를 타고 런던에서 파리로 가는 데는 2시간 15분이 걸리고, 기차표는 169파운드다. 날짜, 시간, 발권 시기에 따라 가격은 다르지만 비싼 편이다. 한번 발권하면 환불이나 취소가 어렵다. 홈페이지에서 취소 버튼을 누르면, '여정을 취소하려면 우리에게 통보할 필요가 없다'는 메시지가 뜬다. '취소하려거든 표를 버려라. 우리는 신경 안 쓴다'는 의미로 들려 좋지 않은 기분에 빠진다. 왠지 관료적이다. 소액을 차감해 환불해주고, 필요한 사람에게 표를 재판매하는

유로스타가 출발하는 런던의 세인트판크라스 역

것이 모두에게 좋은 것이 아닌가?

브렉시트 국면에서 볼 수 있듯이 유럽연합이라는 기차도 취소나 환불이 어렵다. 영국과 프랑스는 1,000년 넘게 싸우면서 경쟁했다. 크림 전쟁과 두 차례 세계대전에서는 함께 피를 흘렸고, 전후에는 공동의 정책도 펼쳤지만, 어느 순간부터 다른 길을 가게 되었다. 대처는 노동 조합을 억누르면서 노동 시장의 유연성을 추구했다. 같은 시기 프랑스의 미테랑은 주당 36시간 근무, 최저 임금 인상, 주요 기업 국유화 조치를 단행했다. 대처의 정책 덕분에 영국은 인플레이션이 진정되었고, 실업률이 감소했으며, 견조한 성장세를 유지했다. 반면에 프랑스는 높은 인플레이션과 실업률로 고생했고, 프랑화의 가치는 두 배 가까이 폭락했다.

미테랑은 실패를 인정하지 않았다. 자신의 사회주의 실험이 결과를 내지 못한 이유는 프랑스의 경제 규모가 작기 때문이라고 생각해 유럽의 통합에 적극적이었다. 미테랑은 유럽연합의 틀에서 실험을 계속하고 싶었다. 유럽연합의 공동 농업 정책, 공동 어업 정책이 그렇게 나왔다. 영국의 브렉시트 찬성자는 유럽연합이 처음부터 사회주의적이었고 관료적이었다고 주장한다. 프랑스의 뜻대로 유럽연합의 통합은 가속화되었고, 참가국은 늘어났다. 새로운 참여 국가인 동유럽의 여러 나라는 유럽연합의 관료주의와 사회주의에 편안함을 느꼈다.

영국의 전임 총리 토니 블레어Tony Blair는 젊은 시절 파리의 어느 바bar에서 일한 적이 있다. '받은 팁은 공동의 저금통에 넣었다가 모든 종업원이 함께 나눠가진다'는 이야기를 들었기에 그렇게 했다. 두 달이 지난 후, 자기만 그러고 있다는 것을 깨달은 블레어는 그것이 '프랑스식 사회주의의 현주소'라고 생각했다. 그 경험 때문만은 아니겠지만 블레어의 노동당은 프랑스를 비롯한 유럽 좌파의 길이 아닌 제3의 길을 추구했다. 파리의 판매원, 안내원, 경비원은 고압적인 분위기를 풍긴다. 고객이 곤란하면 어떻게든 방법을 찾아주려고 하는 런던과는 다르게 파리는 '모른다', '안 된다'는 말을 입에 달고 산다. 샤를 드골 공항의 직원은 첫 번째 가방에 짐표를 붙이고, 두 번째 가방에 짐표를 붙이는 중간에 근무 시간이 끝났다며 일을 중단하고 자리를 떠났다. 1990년대 소련에도 그런 일은 있었을 것 같지 않다.

사회주의가 몰락했을 때, 그걸 인정할 수 없었던 사람들은 소련의 붕괴는 사회주의의 실패가 아니라 관료주의의 실패라고 했다. 관료주

브렉시트는 유럽식 관료주의나 사회주의가

영국식 자유주의와 맞지 않는다는 선언이었다.

가 발생하는 주요 원인 중에 하나로 꼽을 수 있는 것이 노동 시장의 경직성이다. 불필요한 인력을 해고할 수가 없으면 새로운 일거리를 만들어준다. 일을 맡은 사람은 자신의 존재를 정당화하려고 불필요한 절차와 서류를 만들어낸다. 사회주의 시스템은 해고의 실익이 없으므로 해고가 발생하지 않고, 해고가 어려운 사회일수록 불필요한 일이 생겨나는 법이다. 한 사회가 사회주의적이면 사회주의적일수록, 그 사회는 더 관료주의적이 된다.

영국인이 브렉시트를 선택한 것은 브렉시트가 경제적으로 이익이 된다고 보았기 때문만은 아니다. 브렉시트는 유럽식 관료주의나 사회주의가 영국식 자유주의와 맞지 않는다는 선언이었다. 영국인은 자유주의 성향의 영국이 사회주의 성향의 EU를 탈퇴함으로써, 주권이 회복된다고 믿었다. 영국인은 주권의 회복을 통해 더 많은 자유를 누릴 수 있다고 생각했다. 서로 다른 철학 때문에 서로 다른 길을 선택한 것이다.

3장

경제를 알면 영국이 보인다

거시경제의 시작, 케인스와 블룸스버리 그룹

템스강을 남에서 북으로 건너서 트래펄가 광장Trafalgar Square을 지나면, 극장 조명이 화려한 피카딜리 거리가 나온다. 북쪽으로 조금 더 가면 영국박물관과 러셀 광장이 있는데, 이 지역을 블룸스버리Bloomsbury라고 한다. 사시사철 꽃이 활짝 피어 있을 것 같은 곳이다. 영국의 지명에는 버리bury가 많다. 솔즈베리, 세인즈버리, 헤일리버리 등등. '버리'는 베리 berry가 나오는 밸리valley를 연상시키지만, 사실은 동네를 뜻하는 버로 borough와 같은 의미다. 독일어의 베르크berg나 부르크burg와 같은 어원이다. 블룸버그Bloomberg와 블룸스버리Bloomsbury가 같은 동네인 셈이다.

거시경제학자 존 메이너드 케인스는 블룸스버리에서 1916년부터

던컨 그랜트가 그린 케인스(왼쪽) 그리고 자화상(오른쪽)

1946년까지 살았다. 그는 친구들과 한동네에 모여 살았는데, 그들을 블룸스버리 그룹이라 부른다. 케임브리지 대학교 출신의 남자들과 런던 킹스 칼리지 출신의 여자들이 주축 멤버였다. 버지니아 울프Virginia Woolf와 같은 작가, 던컨 그랜트Duncan Grant와 같은 화가, 케인스와 같은 지성인과 문화예술인들이 긴밀한 유대 관계를 형성했다. 정치적 입장과 문화적 취향으로 뭉쳐진 사교 모임이었는데, 20세기 초반 브리티시 아방가르드를 대표하는 인물들이 많았다.

이 모임이 끈끈할 수밖에 없었던 것은 서로가 정신적 관계뿐 아니라 육체적 사랑으로 얽히고설켰기 때문이다. 멤버들은 '네모난 동네에서 살고, 둥글게 모여 그림을 그리고, 삼각관계 속에서 사랑을 나누었다 lived in squares, painted in circles and loved in triangles.' 러브라인 중에 하나가 케인스와 그랜트의 사랑이다. 케인스는 동성인 그랜트를 사랑했다. 케인스는 "사람이 지성과 미모를 동시에 갖추기 어려운데, 던컨 그랜트는 모두를 갖춘 드문 사람"이라고 말했다. 그랜트가 그려준 케인스의 그림에는 지성미가 넘치고, 그랜트의 자화상에는 지성과 미모가 조화를 이루고 있다.

앞에서도 이야기했지만, 케인스는 1925년에 러시아 출신 발레리나 리디아 로포코바와 결혼했다. 결혼 기간에도 동성애는 이어졌지만, 케인스와 로포코바의 결혼 생활은 대체로 행복했다. 그들에게는 아이가 없었는데, 이것은 경제학에서 큰 의미를 가진다.

2020년 봄 코로나가 전 세계를 뒤흔들 때 각국의 정부는 케인스적 처방을 앞다투어 내놓았다. 케인스는 제1차 세계대전, 스페인 독감, 세계 대공황, 제2차 세계대전이라는 험난한 시대를 살면서 총수요를 진작시키기 위해 고민했다. 영국은 코로나 시기에도 각종 거시경제 대책을 빠르게 쏟아냈다. 정부가 5개월간 2,500파운드의 급여를 대신 지급해 노동자를 해고하지 못하도록 했으며, 금리를 65bp 내려 0.1퍼센트로 낮췄고, 500조 원까지 통화량을 늘리겠다고 신속하게 발표했다. 마치 1936년 「고용, 이자율과 화폐에 관한 일반 이론」을 발표한 케인스가 다시 나타난 것 같았다.

케인스로부터 거시경제학이 시작되었으나 케인스의 경제 이론은 영국의 고전파 경제학자로부터 많은 비난을 받았다. 그들이 보기에 케인스는 경제학자도 아니었다. 케인스는 이튼 칼리지에서 수학, 고전, 역사를 공부했고, 케임브리지 대학교에서 수학을 전공했다. 경제학은 케임브리지 시절에 두 달 동안 청강한 것이 전부였다. 그런 사람이 기존 경제학을 모조리 무시하니 영국의 고전파 경제학자들이 분통을 터뜨리지 않을 수 없었다.

"국가의 개입은 시장을 왜곡시킬 것이며, 장기적으로 시장이 항상 옳다"라는 고전파 경제학자의 주장에 케인스는 유명한 말을 남긴다. "장기적으로 우리는 모두 죽는다. 폭풍우가 오는데 장기적으로는 바다가 다시 잠잠해질 것이라고 말하는 것이 경제학자의 역할이라면 경제학자는 날로 먹는 것이다." 토론에서 케인스를 이기기가 어려웠던 모양인지 버트런드 러셀은 "케인스와 대화하면 항상 스스로 바보같이 느껴졌다"라고 말했다. 수학을 전공한 학사 케인스를 도저히 당해낼 재간이 없자, 자존심이 상한 어느 고전파 경제학 박사는 "케인스는 자식이 없어서 장기적인 일에는 관심이 없는 사람"이라고 말했다. 케인스에 대한 단기주의자Short-termist라는 비난은 지금까지도 이어지고 있다.

케인스의 거시경제학은 자유방임형 국가를 이상적인 것으로 생각하는 영국 정치에도 큰 영향을 미쳤다. 전쟁, 세계 대공황, 글로벌 팬데믹 상황에서 정부 역할은 평상시의 정부 역할과 같을 수 없었다. 케인스의 거시경제학이 시작될 무렵 복지국가 개념도 같이 등장했다.

가난은 누구의 책임인가, 가난을 바라보는 영국인의 태도

가난을 바라보는 여러 시각 중에 대표적인 것으로 '가난은 나라님도 못 구한다'와 '요람에서 무덤까지'가 있다. '가난은 나라님도 못 구한다'라는 말은 강한 국가를 암시하면서도 가난이 개인적인 문제인 것처럼 묘사한다.

영국의 윌리엄 베버리지William Beveridge가 작성한 리포트가 1942년에 영국 의회에 보고되었다. 북유럽 사례를 참고해 만든 베버리지 보고서의 핵심이 '요람에서 무덤까지'인데, 이 말은 이후 복지국가를 상징하는 표현이 되었다. 두 차례 세계대전으로 경제 주체인 가정이 붕괴된 상황에서 필요했던 사회 정책이었다. 처칠은 '요람에서 무덤까지'라는 복지 정책을 끝까지 채택하지 않았지만, 1945년 노동당이 선거에서 승리하자 채택했고, 이는 마거릿 대처가 집권할 때까지 영국 정치의 주요 기조였다. 대처는 전쟁 이후 한 세대가 흘렀고, 전쟁의 상처가 회복되었다고 판단해 복지 정책을 후퇴시켰다. 대처는 다른 유럽 국가들과는 다른 정책 노선을 선택했는데, 이때부터 사실상 브렉시트가 시작된 셈이다.

대처의 정책 기조가 보수당 내의 주류가 되면서 영국의 복지는 다른 유럽 국가에 비해 취약해졌다. 영화 〈나, 다니엘 블레이크I, Daniel Blake〉는 실업수당에 인색한 영국의 문제점에 대해 지적한다. 영화를 보면서 '영국은 복지 정책이 별로다'라고 결론 내리고 말면, 복지에 대한 이해에 가까이 다가갈 수가 없다. 영화에서 실업수당을 지급하는 직원은 악역이지만, 그 외의 등장인물은 기꺼이 이웃을 돕는 사람으로 나온다. 슈퍼마켓 보안 담당자는 물건을 훔치다 걸린 여자 주인공을 눈감아준다. 국가에 대한 적대감이 나오지만, 가난에 대한 일차적 책임을 국가가 아닌 지역 공동체가 맡고 있다. 영화를 본 어느 영화 평론가는 "가난한 다니엘 블레이크가 더 가난한 케이트를 도와주는 이유가 불명확해 감정이입이 되지 않는다"라고 했는데, 영국 사회가 도움을 주고받는 방식을 이해하지 못했기에 나오는 말이다.

옥스퍼드 서커스 같은 번화한 거리에서 케임브리지 공작부인 케이트 미들턴Kate Middleton을 연상케 하는 우아한 젊은 여성이 홈리스homeless를 위로하면서 같이 밥을 먹는 모습도 종종 볼 수 있다. 홈리스를 대하는 영국 사회의 태도가 그렇다. 경찰은 여경과 남경이 함께 다니면서 홈리스를 살핀다. 때로는 홈리스를 데려갈 때도 있는데, 그럴 때마다 지나가던 사람이 발걸음을 멈추고 홈리스 편이 되어 이유를 묻고, 법적 근거를 따지며, 도와줄 수 있는 방법을 묻는다.

한번은 손이 자유롭지 못하고 눈동자가 풀린 홈리스 여성을 경찰이 데려가려고 하자 사람들이 몰려들었다. 결국 그들은 경찰이 여성을 데려가는 것이 낫다는 결론을 받아들였다. 그들이 떠나기 전 한 젊은 여성이 담배에 불을 붙여서 홈리스 여성에게 전달해주려고 했다. 홈리스 여성이 담배를 받을 수가 없자 여경이 그 담배를 받아서 입에 물려주었고, 홈리스와 여경은 젊은 여성에게 고맙다는 인사를 건넸다. 그리고 경찰은 홈리스를 보호시설로 데리고 갔다.

가난이 개인의 책임인가, 국가의 책임인가에 대한 논쟁을 지속하다 보면 가난에 대한 공동체의 책임이 쏙 빠지게 된다. 가난에 대한 공동체의 책임이 간과되면 모순적인 상황이 발생한다. 가난이 국가의 책임이라고 하면서도 가난한 사람을 무시하게 되며, 가난한 아이들이 입을 상처를 우려해 전면 무상급식을 지지하면서도 자기 아이가 가난한 아이와 같이 어울리는 것을 받아들이지 못한다.

가난이 공동체의 책임이라는 생각이 없다면, 가난이 개인의 책임이든 국가의 책임이든 상관없이 가난하지 않은 나는 책임에서 자유로워진다. 예산 편성보다 더 선행하는 복지의 조건은 공동체에 대한 인식이다. 그것이 없다면 복지는 예산 낭비에 불과하다. 영국은 복지 예산은 부족할지 모르지만, 공동체의 책임이라는 인식은 넘쳐난다.

영국에 거주하는 인도인의 위상

가난은 어디에나 있지만, 런던에서 경제적 하층을 구성하는 쪽은 BAME^{Black, Asian and minority ethnic} 그룹이다. 대부분 육체노동에 종사하며, 열악한 주거 환경에 노출되어 있다. 그런데 유독 인도인은 이들 BAME와 다른 모습을 보여준다.

인도인의 중간값(평균값이 아닌) 재산은 3억 5,000만 원(2012년 기준)이며, 이는 백인 영국인^{white british} 다음으로 높다. 인도 부자들이 영국에 와서 살기 때문이라고 생각할 수 있지만 그렇지 않다. 인도인이 받는 평균 시급이 2만 3,700원(2016년 기준)으로 소수 민족 중에 가장 높을 뿐 아니라 백인 영국인보다 높다. 전문직 종사자 비율도 43퍼센트로 제일 높다. 인도인이 잘 사는 이유는 본국으로부터 보내오는 이전소득 때문이 아니라 영국 내에서 받는 급여가 가장 높기 때문이다. 인도계 영국인의 주택 소유 비율은 74퍼센트로 백인 영국인의 68퍼센트보다 높다. 아프리카계 영국인은 20퍼센트, 아랍계 영국인은 17퍼센트만 자가 주택을 보유하고 있다.

인도인의 고등학교 졸업 시험GCSE 성적과 대학 입학 시험A-level 성적은 중국인 다음으로 높다. 공부를 잘해 좋은 대학을 가고, 졸업 후에는 좋은 직장을 가진다. 공부는 중국인이 더 잘하지만, 그들은 학업을 마친 후에 본국으로 돌아가는 비율이 높고, 인도인처럼 영국에 동화되어 살지 않는다.

인도인은 두 차례 세계대전에 영국군으로 참전했으며, 혹독한 차별을 이기고 오늘날의 영국을 만드는 데 일조했다. 인도인은 영국이 다른 유럽 국가보다 인종차별이 덜한 이유는 자신들의 투쟁과 노력의 결과라고 믿는다. 뒤늦게 영국에 온 중국인이나 다른 아시아인을 무임승차자라고 생각하는 인도인도 있다. 다른 한편으로 인도인은 영국인처럼 크리켓, 하키 같은 스포츠를 즐긴다. 운동장에서 같이 땀을 흘리며 경쟁하는 것만큼 서로에게 동화되기 쉬운 방법은 없다. 영국에는 150만 명의 인도인과 120만 명의 파키스탄인이 살고 있다.

영국 정부에서 총리 다음 자리인 재무부 장관이 인도인이며, 내무부 장관도 인도인이다. 재무부 장관인 리시 수낙Rishi Sunak은 성공한 인도인을 대표하는 인물이다. 그는 임명된 지 4주 만에 모든 업무를 파악하고, 방대한 2020년 예산을 국회에서 브리핑하면서 한 번의 망설임도 없었다. 브리핑 과정에서 보리스 존슨 총리는 '내가 정녕 저 친구를 뽑았다는 말인가?'라고 생각하는듯 흐뭇한 표정을 지었다. 리시 수낙은 2021년 예산안을 발표하면서 "세금 인상을 좋아할 영국인은 없다는 것을 잘 알고 있습니다. 저도 몹시 싫어하거든요. 그런데 영국인은 정직하지 못한 것을 더 싫어하는 것 또한 잘 알고 있습니다. 그래서 저는 오늘 예산안을 발표하면서 우리가 가지고 있는 문제와 그것을 해결하려는 우리의 계획에 대해 솔직하게 모든 것을 공개하려고 합니다"라고 말했다. 리시 수낙의 진솔한 발표 덕분에 세금 인상 발표에도 불구하고 정부에 대한 지지율은 오히려 상승했다.

정치 신인인 재무부 장관이 가진 자신감은 어디에서 온 것일까? 그는 영국에서 태어나 명문 윈체스터 스쿨을 졸업했고, 옥스퍼드 대학교에서 PPE(철학, 정치학, 경제학)를 전공했다. 풀브라이트 장학금을 받고 스탠퍼드에서 MBA 과정을 공부하다가 인도 재벌의 딸을 만나 결혼했다. 골드만삭스에서 애널리스트로 일했고, 어린이 투자펀드에서 펀드매니저로 일하다가 국회의원이 되었다. 일등석 표를 가지고 있어도 객실로 들어가지 못하고, 기차 발판에 앉아 눈물을 흘렸던 마하트마 간디Mahatma Gandhi의 업그레이드 버전이 리시 수낙이다. 많은 사람이 영국은 계급 사회라고 말하지만, 실질적으로는 계급 사회라고 말할 수 없다. 귀족이 존재하지만 귀족이 아니라고 해서 할 수 없는 일은 없기 때문이다. 골드만삭스에서 일하다가 정부 예산을 총괄할 수 있으며, 40세의 인도인이 재무부 장관이 될 수 있고, 파키스탄인이 런던 시장이 될 수 있다.

영국에서 살다 보면 인도 출신 영국인이 중국인과 한국인을 무시한다는 소리를 듣기도 한다. 타자와 자신을 구별 짓는 것이 필요할 수도 있고, 그걸 위해서는 무시하는 속마음이 들 수도 있다. 그러나 그걸 드러내면 품격이 없다는 비난을 듣는다. 자신의 바닥을 드러내는 사람은 어느 집단에나 조금씩 있고, 그런 사람이 영국에 살고 있는 인도인 중에도 있을 것이다. 이들은 어쩌면 필요악일 수도 있다. 몇몇의 필요악에도 불구하고, 차별을 극복하고 영국 주류 사회에 정착해 영국을 변화시키고 있는 인도인의 성과는 칭찬받아 마땅하다.

파키스탄인은 왜 인도인과 다른가?

인도인이 영국으로 이주한 것은 언제일까? "셰익스피어는 인도와도 바꿀 수 없다"는 유명한 말은 셰익스피어에 대한 영국인의 자부심을 나타내지만, 인도와 영국의 관계가 그만큼 오래된 것임을 암시하기도 한다. 동인도회사가 활동하던 시기(1600~1874년)부터 영국에는 소수의 인도인이 살았다. 1930년에는 7,000명의 인도인이 영국에 살았다고 한다. 이 숫자가 갑자기 증가한 것은 1970년이다.

그해 아프리카의 우간다에서 쿠데타가 일어났다. 독재자 이디 아민 Idi Amin이 권력을 잡고, 인도인을 하루아침에 쫓아냈다. 인도인은 사업, 재산, 네트워크를 포함한 모든 것을 놓고 떠나야 했으며, 가지고 갈 수

히스로 공항에 도착한
우간다의 인도인들

있었던 것은 옷가지와 50달러의 돈뿐이었다.

당시 인도인은 우간다의 최상류 지배층이었고, 산업을 장악하고 있었다. 사업 마인드가 있었고, 고급 교육을 받은 사람들이었다. 이디 아민을 피해 영국으로 온 인도인이 히스로 공항에 도착할 당시의 사진을 보면 1970년대 난민이라고 볼 수 없을 정도로 부유하고 세련된 분위기를 풍긴다. 이 시기에 아프리카에서 축출된 인도인이 영국에 정착하면서 인도인의 수는 37만 명으로 크게 증가했다.

어느 사회나 주류는 해외로 이민을 가지 않는다. 한국 사회의 주류는 평창동이나 청담동에 살지, LA나 런던에 살지 않는다. 아프리카계 인도인의 영국 이주는 세계 이민사에서 보기 드물게 특정 지역의 지배 계층 전부가 다른 지역으로 이주한 사례다. 인도조차 쫓겨난 인도인을 받아들이기를 꺼리고 있을 때, 영국은 적극적으로 이들을 받아들였다. 데이비드 캐머런David Cameron 전임 총리는 아프리카 인도인의 영국 이주를 인류 역사에서 가장 성공적인 이민이라고 말했다.

그렇다면 파키스탄인은 영국에서 어떤 위상을 가지는가? 평균 재산, 평균 급여 모두 인도인과 비교할 수 없을 뿐만 아니라, 전체 평균보다도 낮다. 고등학교 졸업 시험과 대입 시험 성적 역시 전체 평균보다 저조하다. 인도인이 주로 전문직에 종사한다면, 파키스탄인은 구멍가게를 운영하거나 우버 운전과 같은 일을 한다.

파키스탄인 중에도 성공 사례는 있다. 런던 시장이 파키스탄인이며, 전임 재무부 장관도 파키스탄인이다. 런던 시장 사디크 칸Sadiq Khan은 파키스탄인이 모여 사는 동네인 투팅Tooting 지역에서 자랐다. 어려서부터 부모가 육체노동을 하는 것을 보았고, 집에 돈이 조금이라도 모이면 파키스탄 친척에게 보내기에 바빴던 것을 기억하고 있다. 학교에서 인종차별을 당했고, 그걸 극복하기 위해 복싱을 배웠다.

인도인이 우간다의 쿠테타를 피해 이주한 데 비해서 파키스탄인은 본국에서 살기 어려운 사람이 영국의 부족한 노동력을 메우기 위해 왔다. 모두 빈손으로 왔지만, 지식과 경험을 가지고 온 이민과 노동력을 제공하기 위해 온 이민은 차이가 컸다. 이것이 유일한 이유라면 한 세대가 지나면 이 격차는 줄어들 수도 있다.

하지만 차이를 만들어낸 또 다른 영향은 없을까? 한 인도인 친구는, 인도는 힌두교지만 파키스탄은 이슬람인 것이 결정적인 차이라고 말한다. 처음에는 그 말이 잘 이해되지 않았다. 인도가 파키스탄보다 잘 살기는 하지만, 전체적으로 힌두교 국가가 이슬람 국가보다 잘 사는 것은 아니기 때문이다. 막스 베버Max Weber의 《프로테스탄티즘 윤리와 자본주의 정신》을 다시 읽어봐야 하는 것일까? 친구의 말에 의하면 이슬람은 종교지만, 힌두교는 종교가 아니라 삶의 형태 중 하나다. 힌두교는 열려 있고, 이슬람은 닫혀 있다. 카를 포퍼Karl Popper의 《열린 사회와 그 적들》과 유발 하라리Yuval Harari의 《사피엔스》에서 비슷한 주장을 발견할 수 있다.

영국 통계를 살펴보면, 종교적 해석에 근거가 있음을 알 수 있다. 파키스탄 무슬림은 자신들끼리 뭉쳐서 커뮤니티를 이루고, 무슬림 문화를 지키기 위해 노력한다. 파키스탄 무슬림 문화가 영국 주류 문화와 융화되지 않기 때문에 의도하지 않게 자신들만의 네트워크에 갇히는 효과가 생겼다. 반면 힌두인은 자신들의 종교를 지키기 위해서 노력하지 않으며, 영국인과 교류하고 융화되는 것을 꺼리지 않는다. 이러한 문화 포용의 차이가 인도계와 파키스탄계를 가르는 결정적 요인일 수도 있다. 이러한 주장이 사실이라면 한 세대가 지나도 인도계와 파키스탄계의 격차는 좁혀지지 않을 수도 있다.

인도계와 파키스탄계의 위상 차이를 통해서 이민 준비의 중요성과 문화적 포용의 가치를 깨닫게 된다. 해외 이민이 성공하기 위해서는 잘 준비되어야 하고, 이민을 간 이후에는 잘 융화되어 살아야 한다.

그렇다면, 산업의 중추 세력인 인도인을 하루아침에 쫓아낸 우간다는 어떻게 되었을까? 독재자 이디 아민은 반대자 30만 명을 살해했고, 우간다 경제는 붕괴했다. 한 사회가 그 사회를 이끄는 인재 전체를 배척하고 잘 되는 경우는 없다.

우버에는 많은 현대 사회의 갈등이 집약되어 있다

영국에서 우버 차량을 타면 파키스탄인을 포함한 아시아와 아프리카계 기사를 만나게 된다. 우버가 등장하기 전까지 런던 택시의 대명사는 블랙캡Black Cap이었다. 블랙캡 기사는 놀랍도록 전문적이다. 우편번호를 듣기만 해도 목적지를 찾아가고, 런던 시내 조그마한 골목길도 거의 다 안다. 기사는 친절하고, 택시에 일곱 명도 탈 수 있으며, 대형 여행 가방을 일곱 개까지 실을 수 있다. 장점이 많은 택시지만 비싼 것이 흠이다. 2013년 우버가 런던에 진출했을 때, 우버는 블랙캡보다 가까운 거리는 30퍼센트, 먼 거리는 절반 이상 저렴했다. 블랙캡의 약점을 파고든 우버의 2020년 기준 기사 수는 런던에서만 5만 명이 넘는다. 우버는 런던의 중요한 교통수단이 되었고, 런던 라이프의 일부가 되었다.

우버는 런던에 익숙하지 않은 관광객, 차가 없는 런던 시민에게 저렴한 서비스를 제공한다. 우버의 합리적인 요금제, 클레임 처리 능력, 기사 평가 및 관리 시스템은 혁신적이다. 기사가 길을 우회한 것을 한 달 후에 알게 되는 경우에도 우버라면 문제가 없다. 우버 앱을 통해 손쉽게 클레임을 걸 수 있고, 이를 확인한 우버 인공지능은 몇 초 만에 클레임을 처리해 환급해준다. 분실물을 찾는 것도 쉽다. 물건이 분실되고, 기사와 승객의 이야기가 다를 경우에도 분쟁을 해결하는 노하우가 있다. 우버의 예측 시스템은 고객의 수요를 예측하며, 콜을 받을 가능성이 높은 지역을 기사에게 알려준다.

런던의 전통적인 택시,
블랙캡

블랙캡을 제치고 런던 거리의 새로운 상징이 된 우버는 면허를 세 차례나 빼앗길 뻔했다. 면허 취소와 관련한 절차는 현재도 진행 중이다. 첫 번째는 2017년에 면허가 종료되면서 위기가 찾아왔다. 하지만 다행히 1년 6개월의 임시 면허가 부여되었다. 그 후에 다시 두 달 동안 임시 면허가 연장되었다. 2019년 11월에는 임시 면허도 정지되었지만, 불복 절차가 진행되는 동안에 영업은 지속할 수 있다. 우버가 면허 갱신에 어려움을 겪는 표면적 이유는 기사의 자격이다. 정부는 46명의 무자격자가 택시를 모는 상황을 우버가 관리하지 못한 것을 빌미로 면허 재승인을 해주지 않고 있다.

그러나 기사의 자격과 안전성은 구실이다. 핵심은 사회 구성원 사이의 갈등이다. 블랙캡은 런던의 전통이자 상징이며, 운전기사는 대부분 영국 백인 남성이고 블랙캡 차량은 영국에서 생산된다. 반면에 우버 운전기사는 영국에 온 지 오래되지 않은 이민자다. 영어가 약하고, 길을 잘 몰라서 내비게이션이 없으면 목적지를 찾지 못한다. 차량은 도요타 프리우스 같은 소형 하이브리드 차량이 주종을 이룬다.

자동차에 인간이 만든 모든 기술이 집적되어 있다면, 우버 문제에는 현대 영국 사회의 모든 문제가 내포되어 있다고 말해도 과언이 아니다. 문명의 충돌이기도 하고, 전통과 미래의 충돌이기도 하며, 인종차별의 문제이기도 하고, 브렉시트의 문제이기도 하며, 자유와 통제의 문제이기도 하다. 우버 문제를 풀 수 있다면, 그 해법은 현대 사회가 직면하고 있는 많은 문제를 해결할 수 있는 실마리가 될 것이다.

개인적으로는 우버가 런던에서 살아남기를 바란다. 우버가 살아남아야 하는 이유는 우버가 기술이며 미래기 때문이 아니라, 우버가 가지고 있는 가치가 자유주의 가치와 잘 맞기 때문이다. "국가는 개인의 자유를 증진시키는 방향으로만 개인의 삶에 개입해야 한다"는 존 로크John Locke의 주장이 우버의 면허 연장을 지지한다. 애덤 스미스Adam Smith도 존 로크와 함께 우버의 편에 설 것이다. 애덤 스미스 연구소 리서치 본부장인 매튜 레시Matthew Lesh는 런던의 노동당 소속 시장인 사디크 칸이 우버 면허를 연장해주지 않으려는 시도에 분노했다. 그는 이렇게 말했다. "이것은 선택의 자유, 경쟁의 자유를 침해한 결정으로 수많은 런던 시민을 실망에 빠트렸다. 이것은 노동당의 반경쟁적이며 반혁신적인 정책이 얼마나 시민의 이익을 침해할 수 있는지를 보여주는 명확한 사례다." 사디크 칸 시장이 파키스탄계 영국인이란 사실은 큰 아이러니다.

양적완화, 재난소득 그리고 헬리콥터 머니

인도계 영국인 재무부 장관 리시 수낙은 증권 자산운용 업계에서 일하다가 국가 재정을 담당하게 되었다. 우리나라에서는 일어나기 어려운 현상이다. 은행, 증권, 자산운용 업계에 종사하는 사람을 금융인이라고 하는데, 금융인은 정부 재정에 대해서는 잘 알지 못한다. 역대 한국의 재경부(현 기획재정부) 장관도 주식이나 선물 옵션 시장의 생리에 대해서는 잘 몰랐다. 2000년대 초반만 해도 재경부 고위 관료가 퇴직 후에 증권사 사장을 하는 경우가 있었지만, 성공적으로 회사를 이끌지는 못했다.

글로벌 경제가 긴밀하게 연동되어 있어 한 나라의 재정위기가 전 세계 금융위기로 번질 때가 있다. 2008년 서브프라임 사태가 그러했다. 그럴 때마다 각국 정부는 경제 부양을 위해 돈을 푸는 일에 주저하지 않았다. 코로나 팬데믹 사태도 마찬가지다. 수요가 줄고 경기 침체가 예상되면, 정부는 돈을 푼다. 더 많은 돈이 더 빨리 돌아야 경제 침체를 막을 수 있다고 생각하기 때문이다. 정부가 돈을 푸는 대표적인 방법으로 양적완화QE, quantitative easing, 재난소득, 헬리콥터 머니 등이 있다. 코로나 사태 때는 헬리콥터 머니까지 등장했다.

양적완화는 2008년 미국에서 발발한 서브프라임 모기지 사태 때 많이 듣던 말이다. '미국이 달러를 찍어서 돈을 푼다'는 의미로 많은 사람이 이해했지만, 꼭 그런 것은 아니다. 양적완화는 중앙은행이 금융 기관이 가지고 있는 채권을 매입하는 것이다. 그로 인해 금융 기관이 보유하고 있는 자산이 채권에서 현금으로 바뀐다. 현금이 많으면 저금리로 대출해줄 여력이 늘고, 개인 주머니에 돈이 생길 가능성이 커진다. 그러나 금융 기관이 현금이 생겼다고 해서 갚을 능력이 없는 사람들에게까지 돈을 빌려주지는 않는다. 그렇기에 양적완화를 실행한다고 해서 개인의 주머니가 갑자기 두둑해지는 것은 아니다. 양적완화 규모가 어마어마해야 개인의 주머니에 조금 돈이 들어오는 정도다.

코로나 사태 때 우리 정부는 소득 하위 70퍼센트에 해당하는 가구에 4인 기준으로 100만 원을 지급했다. 우리 인구를 5,300만 명으로 잡고, 평균 4인 가구의 하위 70퍼센트라고 하면 약 900만 가구다. 한마디로 9조 원이 필요하다. 2020년 우리 정부 예산이 513조이므로 감당할 수 있는 수준이다.

양적완화보다 강력한 부양책이 헬리콥터 머니다. 1969년에 밀턴 프리드먼Milton Friedman에 의해서 제시된 개념인데, 경제학 수업에서 나오는 개념적인 가정으로 생각했지, 현실 세계에서 헬리콥터로 돈을 뿌리는 것은 상상할 수 없었다. 헬리콥터 머니는 양적완화와 다르게 정부가 국민에게 직접 돈을 나눠준다. 우리 정부가 지급했던 재난소득과 다르게 정부가 발권력을 동원해서 돈을 발행한다. 돈 나누어주기의 끝판 왕이고, 소비 진작의 마지막 카드다.

2009년에 호주가 실제로 연봉 1억 원 이하의 노동자 900만 명에게 100만 원씩 나눠준 적이 있다. 가구의 35퍼센트가 부채 상환에 돈을 사용했고, 25퍼센트가 저축했으며, 40퍼센트가 물건을 샀다. 대부분의 나라가 경기 침체를 겪을 때 호주는 경기 침체 없이 2009년 위기를 극복했다. 전적으로 헬리콥터 머니 덕이라고 말할 수는 없겠지만, 실패한 정책은 아니었다.

2016년에는 일본이 헬리콥터 머니를 추진했다가 한발 물러서서 양적완화를 진행했고, 2019년에는 브렉시트를 앞둔 영국이 헬리콥터 머니를 검토한 적이 있다. 코로나 사태로 인한 경기 침체는 영국 사회의 약한 고리를 드러냈다. 영국은 노동 유연성이 높아서 해고가 쉬운 나라다. 코로나 사태는 영국에 많은 실업자를 양산할 수밖에 없었다. 그러자 영국 정부는 "근로자를 해고하지 않는다면, 월 380만 원까지 해고 대상 근로자의 급여를 정부가 대신 주겠다"라고 발표했다. 연간 순이익 7,500만 원 이하의 자영업자에게도 같은 지원을 해주었다. 영국에서 코로나가 본격 확산되기 전에 전격적으로 발표했다. 전 세계 코로나 대책 중에 가장 광범위하고 신속하게 등장한 헬리콥터 머니다.

영국이 헬리콥터 머니라는 최후의 정책 수단을 주저 없이 내놓을 수 있었던 것은 브렉시트를 대비하기 위해 헬리콥터 머니를 이미 검토해놓았기 때문이다. 헬리콥터 머니는 돈이 뿌려지는 순간 주워 담을 수가 없는 불가역적인 정책이므로, 정책으로서는 최후의 수단이다. 코로나 바이러스는 많은 측면에서 상상 속에만 있던 것을 현실로 만들었다.

원유 거래의 기준, 브렌트와 WTI

한여름의 영국 해안에는 한국의 해운대처럼 많은 사람이 몰린다. 나라가 바다로 둘러싸인 것은 축복이다. 해변이 있고, 고기를 잡을 수 있고, 해상 운송을 할 수 있다. 우리는 삼면이 바다라는 것을 축복으로 배웠고, 국토의 70퍼센트가 산인 것은 아쉬운 점이라고 배웠다. 지나고 보니 모두 행운이고 축복이다.

섬나라인 영국은 북해North Sea 영유권의 절반을 보유하고 있다. 나머지 절반을 노르웨이, 덴마크, 독일, 네덜란드, 벨기에, 프랑스가 나누어 가지고 있다. 1971년에 영국의 쉘Shell이 북해에서 유전을 하나 발견해 브렌트brent라고 이름을 지었다. 쉘은 유전을 발견할 때마다 A, B, C 알파벳 순서로 새bird 이름을 따와서 명칭을 짓는다. 알파벳 B 순서였기에 북해에서 많이 볼 수 있는 흑기러기인 브렌트 구스Brent Goose의 이름을 따서 브렌트 유전Brent Oil Field이라고 불렀다. 발견 5년 만인 1976년에 상업 생산을 시작했고, 1982년에는 하루에 50만 배럴을 생산했다. 현재 영국은 유럽 1위, 전 세계 13위의 원유 매장량을 가진 나라다. 최근에 노르웨이가 생산량을 늘린 까닭에 일일 생산량은 노르웨이에 이어 유럽 2위가 되었다. 영국이 브렌트 유전을 발견한 직후에 1차 오일 쇼크(1973)가 발생했고, 일일 생산량이 급증하는 상황에서 2차 오일 쇼크(1979)를 맞았다. 브렌트 유전은 영국에 큰 행운이었다.

브렌트 유전은 수명을 다했지만, 이름만은 남아 북해산 원유를 대표하고 있다. 북해 유전에서 생산되는 원유를 한곳에 모아서 파는데 이를 브렌트유라고 부른다. 유전은 광구마다 성분 차이가 있는데, 브렌트유는 광구 열두 곳의 원유를 섞어서blending 판매하기 때문에 퀄리티가 일정하다. 홍차나 위스키처럼 블랜딩한 원유가 브렌트유다.

브렌트 유전의 브라보 앤드 알파
(Bravo and Alpha) 광구

스코틀랜드 앞바다에 있는 원유
해상 구조물

　브렌트유는 서부 텍사스산 중질유(WTI)와 함께 유가를 가늠하는 대
표적인 기준이다. 보통은 황 함유량이 적으면 정제가 용이한데, 이를
'스위트sweet하다'고 표현한다. 황의 함유량으로 보면 WTI가 0.24퍼센
트, 브렌트가 0.37퍼센트이므로 WTI가 더 좋은 기름이다. 하지만 시
장에서는 WTI가 브렌트보다 더 낮은 가격에 거래된다. 과거에는
WTI가 브렌트보다 비쌌지만, 2000년대 초반에 셰일 혁명으로 불리
는 육상 시추 기술의 발전으로 생산 원가가 낮아지고 공급량이 늘면
서 가격이 역전했다. 그렇다고 소비자 입장에서 WTI가 더 경제적이
라고는 말할 수 없다. WTI가 운송비가 더 비싸기 때문이다. 브렌트유

는 북해에서 생산되기 때문에 유조선에 바로 선적이 가능하지만, WTI 는 내륙에 있어서 해상으로 나가려면 파이프라인을 통과해야 하기 때문에 운송료가 더 든다.

원유를 반드시 북해나 텍사스에서 사는 것은 아닌데, 브렌트와 WTI 원유 가격이 왜 중요할까? 이유는 이 두 가격이 원유 거래의 기준이 되기 때문이다. 예를 들어, 한국의 SK가 러시아의 가즈프롬과 협상할 때에 3년 동안 매달 100만 배럴을 구매하며 "가격은 원유를 인도하는 시점의 브렌트 가격에서 5달러 낮은 가격으로 합시다"라고 제안하면, 가즈프롬에서 "5달러는 너무 낮소, 4달러로 합시다!" 이렇게 대응하는 것이다. OPEC, 유럽, 아프리카, 러시아, 인도 등 전 세계 원유 거래량의 3분의 2가 브렌트 가격을 기준으로 삼고 있다.

WTI 원유 선물이 거래되는 곳은 뉴욕의 NYMEX이고, 브렌트 원유 선물이 거래되는 곳은 ICE^{InterContinental Exchange}다. 두 거래소의 거래량은 비슷하다. 브렌트가 벤치마크로 더 많이 활용되기 때문에 원유 실거래자는 ICE에 가서 원유 가격의 위험을 헤지^{hedge}한다. 그럼에도 거래량이 비슷하다면, WTI 원유 선물에 투기자가 더 많다고 할 수 있다. 우리나라의 원유와 관련된 간접투자 상품이 WTI를 기준으로 이뤄지고 있는 것을 보면, 원유 가격 상승이나 하락에 베팅하는 세력 중 다수는 WTI를 거래하고 있는 셈이다.

UNITED KINGDOM

4장

의회의 탄생과 개인의 자유

국회의원의 선출과 선거 제도의 변화

의회 민주주의의 역사를 800년이라고 말한다. 귀족과 성직자가 모여 왕의 권한을 제한한 문서인 마그나 카르타를 만든 해가 1215년이기 때문이다. 마그나 카르타를 왕에게 강제한 모임이 국회가 되었고, 국회의원을 선거로 뽑기 시작한 것은 1265년부터다. 귀족과 성직자만으로 구성된 국회의 대표성을 높이기 위해 기사knight 중에 국회에 진출할 사람을 선발했다. 영국에서 진행된 최초의 국회의원 선거는 한 지역에서 두 명을 선발하는 방식이었다.

현재 영국 국회의원은 650개 지역구에서 650명이 선발되는 소선거구제다. 소선거구제가 가장 오래되고 기본적인 선거 제도라고 생각하기 쉽지만, 의외로 그렇지 않다. 800년 역사의 영국 선거 제도에서 처음으로 소선거구제가 도입된 것은 1884년이며, 지금과 같이 전면적으로 도입된 것은 1948년이다.

소선거구제의 단점은 사표의 발생이다. 영국의 노인 중에 70년 이상 투표하면서 자신이 찍은 사람을 한 번도 당선시키지 못한 유권자도 있다. 2015년 선거에서 UKIP^{United Kingdom Independence Party}(영국독립당) 정당은 전국적으로 400만 표를 득표했지만, 650명의 국회의원 중에 단 한 명만을 당선시켰다. 1974년 선거에서 자유당^{Liberal Party}은 보수당과 노동당 사이에서 선전하면서 19퍼센트를 득표했지만, 의석으로는 2퍼센트에 그쳤다.

소수당이 당선자를 내지 못하는 것은 선거의 역사와 함께한 문제다. 영국의 정치 사상가인 존 스튜어트 밀^{John Stuart Mill}은 1861년에 비례대표의 필요성을 다음과 같이 말했다. "다수는 다수를 대표하고, 소수는 소수를 대표한다." 다수가 다수의 국회의원을 가지는 대신에 소수는 소수의 국회의원을 가져야 한다는 의미로, 비례대표 제도의 필요성을 최초로 제기했다. 다수주의^{majoritarianism}에 경종을 울리는 밀의 지적에 따라 여러 나라에서 비례대표 제도를 도입하기 시작했다.

비례대표 제도는 국회의원과 국민의 연결고리가 약하다는 단점이 있다. 지역구 의원은 자신의 선거구민과 일상적으로 교류하고, 되도록 지역구 행사에 참여하려고 노력하지만, 비례대표 국회의원은 그런 것에서 자유롭다. 국회의원과 국민과의 연결성을 높이기 위해 비례대표 명단을 국민이 선택하는 방법도 있지만, 대표성과 책임성 측면에서는 소선거구제가 가장 뛰어나다. 영국은 지방 선거에서는 연동형 비례대표제를 도입하고 있다. 지역 의회는 지역구민의 일상적인 문제를 다루고 있기 때문에 유권자와 의회 간의 괴리가 크게 발생하지 않는다고 생각한다.

지역구 대표성의 장점을 살리고 사표를 최대한 방지하기 위해 누적 투표제, 선호자 표시 투표제, 결선 투표제 등이 시도되었다. 영국에서 800년 동안 시행되었던 투표 방식이 총 12가지나 되는데, 지금도 지역 의회, 기초단체장, 국회의원 선발에 각기 다른 방식의 투표제를 도입하고 있다.

2011년에 소선거구제 단점을 보완하기 위해 대안 투표제Alternative Vote가 국민투표에 붙여졌다. 대안 투표제는 투표 용지에 선호하는 후보의 등수를 매기는 것이다. 1번 선호도에서 50퍼센트를 넘는 후보자가 없을 경우에 꼴찌 후보자 한 명을 제외한다. 제외되는 투표용지는 2번 선호도에 기표된 후보자에게 재배분된다. 이런 식으로 꼴찌 후보자를 한 명씩 제외하면서 50퍼센트 득표자가 나타나면 당선자가 나온다. 국민투표에서 대안 투표제는 반대 68퍼센트, 찬성 32퍼센트로 부결되었다. 사표 방지 효과는 있지만 너무 복잡해서 선거 제도로 적절하지 않다고 판단했다. 제도를 잘 바꾸지 않는 것이 영국 문화 중의 하나다.

영국은 소선거구제에 정착했고, 스위스는 온전한 비례대표제를 선택했다. 선거 제도는 옳고 그름의 문제가 아니다. 여러 제도의 장단점을 고려해 각 나라마다 특성에 맞는 제도를 선택하면 된다. 영국의 보수당은 비례대표적 요소를 투표에 반영하는 것을 거부하고, 3당인 자유민주당Liberal Democrats은 도입을 주장하고, 노동당은 특별한 입장 없이 찬성과 반대가 비슷하다. 보수당도 비례대표제를 도입하려 했던 때가 있었다. 20세기 초 노동당의 기세가 무서웠을 때, 모든 의석을 노동당에게 빼앗길 수 있다는 우려가 있었기 때문이다. 정당은 유불리를 철저히 따지기 때문에 선거 제도를 합의로 바꾸는 것은 매우 어렵다.

우리나라 제도는 소선거구제와 비례대표제가 혼합된 형태이며, 비례대표 선출에서 준연동형을 도입하고 있다. 연동성을 강화하자는 주장이 명분에서 조금 앞서고 있다. 연동형 비례대표제는 소선거구제의 장점과 비례대표제의 장점을 혼합한 이상적인 제도라고 생각할 수 있지만, 단점에 대해서도 진지하게 생각해볼 필요가 있다. 주요 국가 중에는 독일만이 채택하고 있고, 몇몇 나라는 채택했다가 포기했다. 우리나라에서 지역구 의석을 200석, 비례대표 의석을 100석으로 하고, 비례대표 전 의석을 연동형으로 배정한다는 가정하에 문제점을 살펴보면 아래와 같다.

첫째, 지역구 투표가 덜 중요해지게 된다. 몇 개 지역구에서 이기든 전체적인 결과가 비슷하기 때문이다. 둘째, 계산 방식이 복잡해서 일부 유권자는 제도 자체를 온전히 이해하지 못한 채로 투표하게 된다. 셋째, 투표 제도를 이해한 유권자들은 전략적 투표를 하게 되어 투표에 왜곡 현상이 발생한다. 넷째, 정당 내에서 이해의 충돌이 일어날 수 있다. 비례대표 후보가 같은 정당 지역구 후보의 낙선을 바랄 수 있다. 즉,

비례대표 후보와 지역 후보 간에 이해관계가 상충할 수 있다. 1996년 뉴질랜드의 웰링턴 센트럴 지역구에서는 자신이 속한 당의 후보에게 투표하지 말자는 선거운동이 일어나기도 했다. 후순위에 있던 비례대표 후보가 당선되기 위해서는 지역구에서 후보가 떨어져야 했기 때문이다. 다섯째, 위성 정당이 출현할 수 있다. 위성 정당의 출현은 정당 정치의 근간을 뒤흔드는 일이다.

장점과 단점을 모두 고려해 우리나라의 실정에 맞는 제도를 만드는 것이 중요하다. 연동성을 강화하면서도 연동형 제도의 단점을 보완해야 하는 어려운 과제가 우리 앞에 놓여 있다.

영국의 선거와 한국의 선거

영국은 국가 행사일을 국경일이라고 지칭하지 않고 휴일로 삼지도 않는다. 여기에는 국가를 바라보는 영국인의 특별한 시각이 담겨 있다. 국가를 리바이어던Leviathan(토머스 홉스가 통치 기구를 괴물에 비유하여 사용한 단어)으로 본 것이다. 따라서 국가가 생성, 유지, 발전되는 과정 중의 특정일을 기념하여 쉬지 않는다. 괴물에게도 생일은 있지만, 괴물의 생일을 축하하지 않는 것과 같은 이치다. 같은 이유로 선거일도 휴일이 아니다. 아침 7시부터 저녁 10시까지 편한 시간에 투표소를 찾아 투표하면 된다. 출근하기 때문에 투표하지 못한다는 생각은 없다. 우리나라는 수요일에 선거를 치른다. 주말과 가까우면 휴가를 내고 여행을 갈 수도 있기에 연휴나 징검다리 휴일을 피하기 위함이다. 영국은 전통적으로 목요일이 선거일이다. 과거 영국에서는 목요일에 시골장이 섰기 때문에 시골 사람들이 읍내로 모이는 날인 목요일을 선거일로 잡은 것이다.

영국에서는 투표하러 갈 때 신분증을 가져갈 필요가 없다. 자신의 주소와 이름을 말하고 투표용지를 받아 기표하면 된다. 영국엔 신분증이라는 것이 없기에, 투표소에서 본인 확인을 위한 신분증 제시 절차도 없다. 이러한 사실은 실제로 보지 않고는 잘 믿기지 않는다. 영국 사람들은 투표 부정은 생각하지 않을까? 사전 신고에 의해 부재자 투표를 할 수 있고, 대리인을 지정해 대리 투표를 할 수도 있다. 가족인 경우에는 숫자 제한 없이 대리 투표를 할 수 있고, 가족이 아닌 경우에는 한 사람이 최대 두 명까지 대리로 투표할 수 있다. 부정 투표 소지가 있어서 다른 나라에서는 금지하고 있는 대리 투표 제도를 채택하고 있다. 영국이 서로를 믿는 신뢰 사회라는 것이 투표 제도에 고스란히 반영되어 있다.

투표에 대한 신뢰가 저절로 생겨난 것은 아니다. 영국 역사에도 선거 부정이 심했던 때가 있었다. 윌리엄 호가스William Hogarth는 1755년에 〈선거 향응An Election Entertainment〉이란 그림을 그렸다. 휘그당 입후보자 두 명이 유권자에게 향응을 제공하는 장면을 유머러스하게 그렸다. 후보자 중에 한 명은 임산부의 배를 만지면서 밀담을 나누고 있고, 다른 한 명은 술주정뱅이 옆에서 곤혹스러워하고 있다. 시장은 술에 취해 곯아떨어졌고, 선거 관리위원은 토리당원이 던진 벽돌에 맞아 실신

윌리엄 호가스의 〈선거 향응〉

해 있다. 길거리에는 반유대주의 깃발이 휘날리고 있다.

〈선거 향응〉은 1754년에 진행된 선거를 풍자한 그림인 '선거의 유머' 시리즈의 일부다. 유권자에게 향응을 제공하는 모습, 표를 돈으로 사는 모습, 분주한 투표장 모습, 당선된 의원의 거만한 모습과 선거 결과에 불복해 폭력을 휘두르는 모습이 묘사되어 있다. 모두 존 소안 박물관John Soane's Museum에 소장되어 있다.

현재 영국의 투표권은 18세 이상의 성인에게 있다. 1970년에 투표 연령이 21세에서 18세로 조정되었다. 우리나라의 경우 2020년 21대 국회의원 선거에서부터 18세로 조정되어 고등학생도 투표권을 가지게 되었다. 영국의 학교는 선거에 적극 참여한다. 학교에서 학생과 선생님이 정당의 대표가 되어 정책을 발표하고 토론한다. 투표권이 없는 학생도 선거 전날 또는 선거 당일에 학교에서 진행하는 모의 투표에 참여한다. 모의 투표 결과는 전국적으로 집계되어 발표된다.

투표 성향은 영국과 한국이 비슷하다. 대도시와 산업도시에서는 노동당이 강하며, 시골 지역에서는 보수당이 강하다. 노인층은 보수당에 투표하는 성향이 높고, 노년층의 투표율은 청년층의 투표율보다 20퍼센트가량 높다.

당선된 국회의원은 1억 원 정도의 연봉을 받으며, 보좌관 급여와 사무실 운영비를 지원받고, 우편 요금과 문구 비용을 국회에 청구할 수 있다. 지방 지역구 의원의 경우에는 런던 변두리에 작은 아파트를 임대할 수 있는 자금이 지원된다. 차량과 기사는 제공되지 않으며, 대부분의 국회의원은 대중교통 수단을 이용해 국회에 출석한다. 본회의 장면을 보면 여성 의원이 커다란 백을 들고 있는 모습을 종종 볼 수 있다. 국회에는 국회의원의 사무실은커녕 맘 놓고 쉴 수 있는 공간도 없다. 본회의장에 자기 자리는 없으며, 오는 대로 원하는 자리에 앉지만 그나마도 300석밖에 없어서 늦게 오는 350명은 통로에 쭈그리고 앉거나 본회의 내내 서 있어야 한다.

현재의 영국 국회의원은 특권적 위치에 있지 않지만 윌리엄 호가스의 그림에 나타나는 국회의원은 달랐다. 18세기에 만연했던 선거 부정은 선거 제도 개혁의 필요성을 부각시켰다.

얼 그레이와 선거 제도 개혁

홍차 중에 얼그레이가 있다. 발음하기가 편해서 그런지 마땅히 생각나는 차 종류가 없을 때는 "얼그레이 주세요"라고 말하게 된다. 영국의 선거 제도를 공부하다 보면 얼그레이를 마시면서 나눌 수 있는 이야기가 많다는 것을 알게 된다. 얼 그레이Earl Grey는 1832년에 선거법 개혁을 주도한 영국의 총리였다. 대영제국의 총리다 보니 세계 여러 나라에서 차 선물을 많이 받았고, 자연스럽게 차 애호가가 됐다. 얼 그레이의 집에는 차를 전담하는 중국인이 있었는데, 그가 물에 있는 석회 냄새를 없애기 위해 홍차에 베르가모트 오일을 가미했는데 그것이 얼그레이 홍차가 되었다. 그렇게 얼 그레이의 집에서 얼그레이 홍차가 탄생했다.

베르가모트는 이탈리아 남부에서 나는 과일로 우리나라의 귤과 유사하다. 이탈리아는 우리나라와 같은 반도 국가이며 위도도 비슷하지만, 기후도 다르고 과일도 꽤 다르다. 한국에는 귤이 많지만 이탈리아에는 베르가모트가 많고, 한국에는 밤이 많지만 이탈리아에는 헤이즐넛이 많다.

얼그레이를 최초로 상업화한 곳은 트와이닝스Twinings다. 트와이닝스는 1706년에 런던 시내 중심가에 가게를 냈다. 영국 법원 앞에 있는 점포는 지금도 그 위치에 있는데, 런던에서 가장 오래된 가게다. 전 세계 모든 브랜드 로고 중에 가장 오래된 트와이닝스 로고는 만들어진 이후에 한 번도 바뀐 적이 없다. 런던 관광객이라면, 트와이닝스에 가서 얼그레이 홍차를 사보는 것도 좋다.

런던에서 가장 오래된 트와이닝스 매장과 그곳에서 파는 얼그레이 홍차

얼Earl은 백작을 나타내는 칭호다. 총리를 지낸 찰스 그레이Charles Grey의 아버지가 전쟁에서 공을 세워 백작 작위를 받았다. 귀족 타이틀은 왕의 자리처럼 한 사람에게만 세습된다. 지금은 7대 얼 그레이가 영국의 어딘가에 살고 있다.

영국의 총리였던 2대 얼 그레이가 통과시킨 선거법 개정은 역사적 의미가 깊다. 당시 급속한 산업화로 인구 구성이 크게 변했지만, 선거 제도는 그대로였다. 시골 지역에는 유권자가 11명인 선거구도 있었고, 도시에는 유권자가 1만 2,000명인 선거구도 있었다. 등록 유권자 수가 1,000배 넘게 차이가 났다. 솔즈베리 스톤헨지 근처의 올드새럼은 옛 거주지역으로 19세기에는 아무도 살지 않았지만 유권자 등록부에는

11명이 등록되어 있었고, 국회의원이 선출되었다. 새로운 산업도시 중에는 아예 선거구가 없는 곳도 있었다. '불합리한 지역구'를 없애고 새로운 지역구를 만드는 법안에는 큰 저항이 있었다. 야당인 토리당과 토리당이 지배한 상원에서 강력하게 반대했지만, 휘그당의 얼 그레이는 여론을 등에 업고 선거법 개혁을 이루어냈다.

얼 그레이의 개혁으로 선거구 불평등이 해소되었고, 10파운드 이상의 재산이나 토지 사용료를 지불하는 성인 남성에게 투표권이 부여되었다. 이러한 개혁으로 40만 명에 불과했던 유권자 수가 65만 명으로 증가했다. 신발 제조공, 홍차 소매상 등이 투표권을 가지게 되었지만 10파운드의 재산을 보유하지 못했던 대부분의 노동자는 여전히 투표권을 가지지 못했다.

얼 그레이의 선거법 개혁은 노동자를 각성시켰다. 노동자의 투표권 요구가 커지면서 발생하게 된 것이 1838년에 시작돼 20년 동안 지속된 차티스트 운동Chartism이다. 얼그레이 홍차를 테이블에 놓고 선거법 개정과 차티스트 운동에 관해 이야기하다 보면, 차의 향에 역사적 의미가 묻어나지 않을까?

거짓말은 허용해도 위선은 안 된다

영국엔 보수당과 노동당이 있고, 소수 정당으로 자유민주당이 있다. 보수당의 뿌리는 토리당이고, 지금도 보수당원을 토리Tory라고 부른다.

노동당은 20세기 초에 노동자 계급의 발언권이 높아지면서 나타난 정당이다. 그 이전에는 지금의 자유민주당의 전신인 휘그당이 있었다. 오늘날 영국 사회의 귀족이나 상류층은 보수당 지지 성향을 보인다. 그래서 과거에도 토리가 주된 집권정당이었다고 생각하기 쉽지만 영국 의회 정치의 중심에는 항상 휘그당이 있었으며, 집권 기간도 훨씬 길었다.

휘그당은 의회를 지지하는 세력이었고, 토리당은 왕을 지지하는 세력이었다. 러셀 같은 전통의 명문 귀족은 왕권이 강화되는 것을 리스크로 생각했기 때문에 대부분 휘그당원이었다. 왕의 권한이 커지면 자신의 권한도 커지는 왕의 호위 기사나 영국 국교회 성직자가 토리당원이었다. 대체로 휘그당원이 토리당원보다 사회적 지위가 높았다. 집권당인 휘그당은 토리당의 도전이 있을 때마다 권력을 공고화하기 위한 목적으로 개혁 입법을 통과시키면서 외연을 확대했다.

대표적인 것이 앞에서 살펴본 얼 그레이 총리의 선거법 개혁이었다. 토리당은 휘그당을 위선자라고 불렀다. 귀족의 지배를 굳건히 하려는 자들이 중산층을 위하는 척한다고 비판했다. 20세기 들어 휘그당은 노동당에 자리를 내주고 자유민주당이라는 소수 정당으로 전락했다. 제1차 세계대전 이후의 영국 정치는 토리가 지배하고 있다. 휘그의 몰락을 위선 때문이라고 말할 수는 없지만, 토리가 지배하는 영국 정치에서 위선은 가장 피해야 할 덕목 중의 하나다.

위선이란 무엇인가? 위선이란 자신도 같은 잘못을 저지르면서 다른 사람을 비난하는 것을 말한다. 예를 들어 부동산 투기자가 자신의 부동산 투기를 부인하는 것은 거짓말이다. 반면 투기를 하면서 "투기하는 사람은 암적인 존재이며, 공직을 맡아서는 안 된다"라고 말하는 것은 위선이다. '거짓말 중에는 좋은 거짓말이나 필요한 거짓말이 있지만, 위선 중에 좋은 위선이나 필요한 위선은 없다'고 영국 사람들은 생각한다. "거짓말은 용서가 되지만, 위선은 용서가 되지 않는다"는 것이 영국 정치의 불문율 중의 하나다.

영국에는 비상사태를 대비한 과학자 조언 그룹인 SAGEScientific Advisory Group for Emergencies가 있다. 코로나 바이러스가 영국을 강타할 때, SAGE의 조언이 정부 정책의 근간이 되었다. 이 그룹에 전염병 모델링의 최고 전문가인 젊은 과학자 닐 퍼거슨Neil Ferguson이 있었다. 퍼거슨은 코로나 록다운 기간에 OK큐피드OKCupid라는 애인 찾기 앱에서 만난 애인을 두 차례 자신의 집으로 불렀다. 퍼거슨은 아내와 한 명의 자녀가 있고, 상대 여인은 두 명의 자녀와 남편이 있는 자유결혼open marriage 상태였다. 이 사실이 알려진 후에 닐 퍼거슨은 SAGE에서 사퇴했다.

그가 사퇴한 이유는 아내를 두고 바람을 피웠기 때문이 아니었다. 그가 코로나 기간 동안 록다운lockdown을 주장한 학자였고, "동거인이 아닌, 거주지가 다른 연인이 집에서 만나는 것은 록다운 기간에 허용되어서는 안 된다"라고 말해놓고 자신은 지키지 않았기 때문이었다. 영국에서 바람을 피우다 들통이 난 것은 가십은 되겠지만, 공직을 사퇴할 사안은 못 된다.

'위선에 대한 인내가 없다'는 것은 영국 정치 환경에서 나타나는 현상이므로 다른 나라에 그대로 적용될 수는 없다. 열 번 거짓말한 사람은 정치를 할 수 있지만, 한 번 위선을 저지른 사람은 정치를 할 수 없다는 것은 한국적 정치 정서와는 맞지 않는다. 거짓말 정치와 위선의 정치가 모두 나쁘지만, 정치가 진영 싸움으로 점철되면 거짓말과 위선의 당사자가 스스로 반성할 기회를 가지지 못한다. 우리 정치에서 종종 목격되는 장면이다. 진영주의가 판을 칠수록 중간에 있는 사람의 역할이 중요하다. 양 끝을 알면 중간에 설 수 있다. 물론 양 끝을 알고 있다거나 중간에 서 있다는 것도 착각일 수는 있다. 그러기에 늘 부단히 주위를 살펴서 양 끝을 가늠해보아야 한다.

"세상에 정부의 돈이란 없다"

웨스트민스터 의사당에 가기 위해서는 사전에 방문 신청을 해야 한다. 관광객이 많은 시즌에는 2주일 전에 인터넷으로 신청한다. 800년이 넘는 의회이므로 스토리가 많고, 의미가 깊다. 사진 촬영을 할 수 없는 곳이 많다는 점이 못내 아쉽지만, 영국 방문객이라면 만사를 제치고서라도 꼭 방문해야 할 곳이다.

영국에서 의회가 발전한 것은 세금 때문이다. 왕이 세금을 효율적으로 걷기 위해서는 납세자 모임의 동의가 필요했다. 납세자 모임의 성격이 강했던 과거의 의회는 세금 징수에 대한 강력한 견제자였다. 왕은 세금 때문에 의회의 눈치를 볼 수밖에 없었고, 의회는 왕의 권한을 견제하면서 민주주의 상징이 되었다.

산업화가 이뤄지면서 세금의 주된 납부자가 귀족에서 노동자로 바뀌었다. 그 과정에서 세금에 대한 의회의 태도도 슬그머니 달라졌다. 이들은 세금의 피해자에서 수혜자로, 세금의 견제자에서 동조자로 변모했다. 세금을 많이 걷는 것이 의회의 예산과 지역구의 발전, 국회의원 개인의 복지에 중요한 문제가 되었다. 상황이 변하자 국회의원은 세금 징수에 기꺼이 동의하게 되었다. 의회의 관심이 '세금 징수를 어떻게 견제하는가?'에서 '세금 사용에 어떻게 관여할 것인가?'로 바뀌면서 의회가 납세자와 국민으로부터 멀어지게 되었다. 웨스트민스터 의회 자체가 국가가 되어버렸다.

한국도 마찬가지다. 여의도는 2021년 기준 500조 원이 넘는 예산에 대한 확보 경연장이다. 국회의원은 지역구 예산을 배정받은 것을 떠벌린다. 예산 심의가 있을 때면 어김없이 쪽지 예산이 등장하고, 국회의원의 급여가 오르고, 새로운 활동비가 신설된다. 세금은 매년 예상보다 많이 걷히고, 국회는 세금 징수에 대해 견제하지 못한다. 자신이 사용한 돈에 대한 영수증을 제출하고 활동비를 지원받는 일에는 소홀함이 없지만, 예산 심의 과정에서는 존재감이 없다. 정부 예산은 국가의 돈이자 공공의 돈이며 만인의 돈이어서 누구의 돈도 아니라는 생각이 있는 듯하다. 어차피 쓰일 돈이라면, 나와 내 지역구에 사용되는 것이 좋다고 생각하게 된 것은 아닐까?

복지국가의 관점에서 보면 마거릿 대처의 정책은 반동이지만, 영국 정치사의 관점에서 보면 정상으로의 복귀다. 영국은 자유방임, 자유 경쟁, 자유 시장, 작은 정부라는 가치에 기반을 둔 국가였다. 정부의 적극

영국의 예산이 심의되는 곳, 웨스트민스터 의사당

적인 재정 지출을 주장하는 노동당의 요구가 있을 때마다 웨스트민스터 의사당에 마거릿 대처의 허스키한 목소리가 울려 퍼졌다. "세상에 정부의 돈이란 없다. 다만 납세자의 돈이 있을 뿐이다." 이 주장이 가지는 설득력으로 보수당은 20세기 정치를 주도할 수 있었다. 웨스트민스터의 보수당도 말로만 그럴 게 아니라 그 말의 참뜻을 새겨야 하고, 한국 정부와 국회도 마찬가지다. 세금을 걷고 쓸 때 늘 명심해야 하는 말이다. 정치적 입장은 다를 수 있지만, 납세자 돈의 중요성은 정파에 따라 달라지는 것이 아니다.

검찰도 신경 쓰는 납세자의 돈

우리는 삼권 분립을 민주주의의 핵심 가치로 배우면서 자랐다. 삼권이 실질적으로 분립되어 있는지, 견제는 효율적으로 작동하는지에 대한 의심은 없었다. 삼권이 결탁하는 경우도 많은데, 그럴 때 권력에 대한 감시는 야당, 언론, 시민사회의 몫이다. 야당이 무능하고, 언론이 사법 체계와 유착되어 있고, 시민사회가 허약하다면 권력에 대한 견제는 어떻게 가능할까?

권력에 대한 견제로 검찰을 떠올리는 사람도 있지만 검찰 자체가 남용되기 쉬운 권력이란 점도 명심해야 한다. 검찰 개혁에 관해 논의할 때 영국의 사례가 자주 인용된다. 영국과 한국은 정치 체계와 법체계가 달라서 비교하기 어렵지만, 몇 가지 참고할 여지는 있다. 영국은 삼권 분립이 아니고 법무부 장관이 법률 체계를 총괄한다. 법무부 장관은 검찰을 지휘하며, 대법원장도 휘하에 둔다.《유토피아》를 쓴 토머스 모어가 그 자리에 있었다.

영국 검찰의 역사는 매우 짧다. 이전에는 경찰이 수사와 기소를 맡았고, 기소 유지를 위해 필요할 경우에 변호사의 도움을 받았다. 경찰이 수사권과 기소권을 동시에 가지면서 공권력이 과도하게 행사된다는 지적을 받았다. 경찰이 비대해지는 것을 견제하고, 개인의 인권을 보호하기 위해서 1986년에 검찰이 탄생했다. 영국의 검찰청 홈페이지에는 영국 검찰의 사명이 나와 있는데, 몇 가지 점에서 주목할 만하다. '실수의 공개를 꺼리지 않을 것이다'라는 것과 '모든 사건 뒤에는 사람

한국 검찰의 사명

- 검찰은 범죄로부터 국민의 생명과 건강을 보호하고, 국민이 마음 놓고 다닐 수 있는 안전한 사회를 만듦으로써 국민의 안전을 보장한다.

- 검찰은 국가 기강을 확립하고, 사회적 자본을 확충하며, 자유민주주의 체제를 수호함으로써 사회 질서를 확립한다.

- 검찰은 사회의 불법과 부정을 발본색원하고, 거악을 척결해 맑고 투명한 사회를 만들기 위해 부패를 척결한다.

- 검찰은 범죄로 인한 사회적 약자의 재산적, 정신적 피해를 회복하는 등 약자를 보호한다.

- 검찰은 수사 과정에 대한 사법적 통제, 적법 절차 준수, 승복하는 수사를 통해 국민의 인권을 보장한다.

영국 검찰의 사명

- 우리는 독립적이고 공정할 것이다. 우리는 독립적이며 편견 없이 기소할 것이며, 재판 과정에서 공정이 달성되도록 노력할 것이다.

- 우리는 정직하고 열려 있을 것이다. 우리의 결정을 국민에게 설명할 것이고, 국민들이 우리에게 기대하는 업무에 대해 명확한 기준을 가질 것이며, 만일 우리가 실수했을 때에는 그것에 대한 공개를 꺼리지 않을 것이다.

- 우리는 모두를 존경심을 가지고 대할 것이다. 우리는 모든 사건 뒤에는 사람이 있다는 것을 명심하면서, 서로를 동료를 그리고 우리가 섬기는 국민을 존경할 것이다.

- 우리는 전문성과 우수성을 위해 최선을 다할 것이다. 우리는 한 팀으로서 국민들에게 최선의 서비스를 제공하기 위해 늘 새롭고 좋은 방법을 찾으려고 노력할 것이다. 우리는 효율적으로 일할 것이며, 납세자의 돈에 대한 책임감을 가질 것이다.

이 있다'는 사실을 명심하겠다는 대목이 특히 인상적이다. 납세자의 돈에 대한 책임이 거론되고 있는 부분도 주목할 만하다. 납세자의 돈을 소중히 여기는 데에는 너와 내가 따로 없고, 의회와 검찰이 따로 없다. 영국 검찰의 사명을 한국 검찰의 사명과 비교해보자.

영국 정당의 투표 과정과 스리 라인 휩

영국에서 검찰이 출범한 지 1년 만인 1987년에 또 다른 범죄 수사 조직인 중대범죄수사청SFO, Serious Fraud Office이 설립되었다. 우리나라에서 고위공직자범죄수사처(공수처)가 논의될 때 참고로 삼은 모델 중 하나다. 영국의 중대범죄수사청과 한국의 공수처는 뇌물과 부패 문제를 다루는 면에서 유사하지만, 설립의 취지는 다르다. 영국의 중대범죄수사청은 대규모 금융 범죄를 잡아내기 위해 설립되었다. 그 과정에 공무원의 뇌물 및 부패 문제가 연결될 수 있지만, 그것이 수사의 주된 목표는 아니다. 날로 고도화되는 금융 범죄를 속속들이 파헤치기 위해서는 금융 전문가, 법률 전문가, 회계 전문가, IT 전문가 등이 수사 초기부터 기소가 끝날 때까지 협업할 필요가 있다. 그래서 여기에 수사권과 기소권을 동시에 주었다.

영국 검찰청CPS, Crown Prosecution Service은 기소권을 독점하고 있지 않다. 영국의 기소 제도는 개인이 개인을 상대로 하는 사소private prosecution가 근간이었다. 범죄의 피해자가 범죄의 가해자를 형사적으로 처벌하기 위해서 개인적으로 변호사를 고용해 재판에 넘겼다. 1829년에 경찰에게 기소의 권한을 주었고, 1986년에 검찰청이 생기면서 기소의 권한이 경찰에서 검찰로 넘어갔다. 그러나 사소는 여전히 존재한다. 그리고 중대범죄수사청에도 기소권이 있다.

우리나라에서는 2020년에 공수처법이 통과되었다. 고위 공직자의 범죄를 수사하는 것을 기본으로 삼았다. 경찰이 수사하기 어렵고 검찰이 기소하기 어려운 고위직 경찰과 판검사를 수사와 기소의 대상으로 삼았다. 기소를 독점하고 있는 검찰을 견제하기 위해서 공수처에 고위 경찰과 판검사만을 대상으로 기소권이 주어졌다.

20대 국회에서 공수처법이 논의될 때에 검찰 출신 여당 국회의원 두 명이 반대 의견을 가지고 있었다. 표결에서 조응천 의원은 법안에 찬성했고 금태섭 의원은 기권했는데 이에 대해 여론의 반응이 격렬했다. 국회의원은 지역구민의 의사나 소속 정당의 의사로부터 어느 정도까지 독립적으로 의사 결정을 할 수 있을까?

영국에서 국회의원은 자유롭게 자신의 의견을 개진하고 자유롭게 투표한다고 생각할 수 있지만, 꼭 그런 것은 아니다. 정당이 특별한 투표 방향을 정하지 않고 자유 투표를 부여할 때가 있다. 당내 의견이 팽팽하게 맞서는 경우에 허용되기도 하며 음주법, 사형제 폐지법, 동성애 LGBT 관련법 등의 투표에서 국회의원의 양심에 따라 투표하는 것이 허용된다. 그러나 대부분의 경우에 정당은 국회의원에게 투표 가이드라인을 부여한다.

영국의 정당에는 휩whip이라는 직책이 있다. 이들은 정당의 투표 방향을 소속 의원에게 전달하거나 강제하는 역할을 맡는다. 보수당과 노동당에는 15명의 휩 의원이 있다. 이들이 소속 의원에게 내리는 메시지는 세 가지로 나뉜다. 원 라인 휩one-line whip, 투 라인 휩two-line whip과 스리 라인 휩three-line whip이 있다. 원 라인은 투표 방향에 대한 권유고, 투 라인은 투표에 참여해 정당안을 따르라는 지침이며, 스리 라인은 반드시 사수해야 할 명령으로 투표에 불참하거나 정당안을 따르지 않을 경우 징계를 받게 된다. 스리 라인 휩을 거부하는 경우는 매우 드물다.

2019년과 2020년에 영국 의회는 브렉시트로 혼란을 겪었다. 이 과정에서 스리 라인 휩도 몇 차례에 걸쳐 무시되었다. 보리스 존슨이 총리가 된 후에 자신의 브렉시트안이 표결에 부쳐졌을 때, 스리 라인 휩을 발령했으나 21명의 보수당 의원들이 반발했다. 대부분이 보리스 존슨보다 정치 경력이 많고 당내 입지가 튼튼한 국회의원이었다. 윈스턴 처칠의 손자도 있었지만, 보리스 존슨은 스리 라인 휩을 어긴 21명 전원을 출당 조치했다. 이들 중에 10명은 항복 선언을 하고 나서야 다시 보수당의 일원이 될 수 있었고, 11명은 다음 선거에서 당적을 유지할 수 없었다.

당적을 보유하지 못한 채로 국회의원이 되는 것은 거의 불가능하기 때문에 스리 라인 휩은 대체로 잘 지켜진다. 영국인은 지지하는 정당 위주로 투표하기 때문에 무소속으로 나가 당선되는 경우는 거의 없다. 영국인의 70퍼센트는 자신이 살고 있는 지역 국회의원의 이름도 모른다.

권력은 겸손하며, 개인은 자유롭다

넷플릭스에서 제작 방영하는 드라마 시리즈로 엘리자베스 2세 영국 여왕의 일생을 다룬 〈크라운The Crown〉이 있다. 2016년에 시즌 1이 시작되어 현재는 시즌 4까지 제작되었다. 시즌 6까지 방영될 것이며, 앞으로 20편이 추가 제작될 예정이다. 넷플릭스는 향후 시리즈의 내용을 풍부하게 하고 논란의 소지를 없애기 위해 왕실을 떠난 해리 왕자와 메건 마클에게 콘텐츠를 제공하고 내용을 감수해줄 것을 요청했다. 이 드라마의 백미는 시즌 4의 네 번째 에피소드인 '선호Favourites'다. 이 에피소드에는 자식을 바라보는 여왕과 총리의 시선이 우리의 시선과 대비되어 나오고, 대처리즘의 본질도 나온다. 이 에피소드에는 마거릿 대처가 자신의 딸과 갈등을 빚는 모습을 그려낸 장면이 있다. 그 장면에서 대처의 딸이 그녀에게 이렇게 묻는다. "엄마는 왜 아들만 편애하는 거죠?" 그러자 대처는 처음에는 '그런 적 없다'며 완강히 부인한다. 그럼에도 계속되는 딸의 추궁에 대처는 이렇게 대답한다. "왜냐면 그는 너보다 강하니까!" 대처는 약자보다는 강자를 사랑했다.

이 에피소드는 영국이 남대서양의 작은 섬 포클랜드를 놓고 아르헨티나와 전쟁을 시작할 무렵의 모습을 보여준다. 위기 상황에 대한 보고를 받은 대처가 외무부 장관을 부르지만 그는 벨기에 브뤼셀에 출장을 가 있었다. 국방부 장관은 뉴질랜드 출장 중이었고, 참모총장은 미국에 있었다. 화가 난 대처는 24시간 이내로 모두 총리실로 모이라고 지시했다. 다음 날 내각 회의를 개최했지만, 무력을 행사하지 말자는 의견이 지배적이었다. 외교적 해결로 좋은 결과를 얻을 수 있다는 의견에 대처는 "우리가 아무 일도 하지 않는데 어떻게 우리에게 좋은 결과가 있을 수 있느냐?"며 무력 사용을 주장했다. 회의를 마치면서 외무부 장관과 국방부 장관, 참모총장에게 30분 후에 자신의 집으로 모이라고 지시했다.

집으로 올라간 대처가 30분 동안 한 일은 애플파이를 만들기 위해 앞치마를 두르고 동분서주한 것이 전부였다. 이 장면에서 방 두 칸짜리 협소한 총리 공관이 나온다. 대처가 살았던 비좁은 다우닝가 10번지는 윈스턴 처칠이 40년 전에 살던 곳이며, 현재의 총리공관이기도 하다.

총리가 젊어서 동거인이 많은 경우는 다우닝가 10번지를 재무부 장관에게 주고 총리는 11번지를 쓴다. 그곳이 조금 더 넓기 때문이다. 엘리자베스 여왕은 코로나 록다운 기간에 보리스 존슨 총리가 좁은 공간에서 답답할까 봐 버킹엄 궁전의 정원을 산책할 수 있도록 배려했지만, 총리는 도로를 산책하거나 자전거 타는 것을 선택했다. 보리스 존슨 총리는 2020년 여름휴가를 스코틀랜드의 시골집과 텐트에서 갓 태어난 아이와 함께 보냈다.

험블humble이라는 단어는 우리말로 겸손한, 소박한, 초라한 등으로 번역할 수 있다. 권력을 가진 영국의 총리에게 이 단어가 어울릴까? 총리의 개인 성향이 겸손해서인가? 아니면 영국의 권력 자체가 소박한 것인가? 왕이 있으니 총리가 초라할 수밖에 없는가? 왕은 총리보다 화려하지만 권력이 없고, 총리는 여왕보다 권한이 있지만 소박하다.

뉴스코틀랜드 야드라는 표지만이 선명한 런던 경찰청 건물

영국의 최대 권력 기관은 경찰이다. 그러나 영국 경찰은 개인의 삶에 되도록 개입하려 하지 않는다. 런던에는 세 개의 경찰 조직이 있다. 런던의 중심지인 시티 오브 런던City of London(서울의 종로에 해당)만을 책임지는 시티 경찰이 있고, 지하철과 전철을 관할하는 철도 경찰이 있으며, 도시를 총괄하는 메트로폴리탄 경찰이 있다.

런던 메트로폴리탄 경찰청은 웨스트민스터 옆에 있는데, 템스강을 사이에 두고 런던아이와 서로 마주보고 있다. 건물 앞에는 '뉴스코틀랜드 야드'라는 표지만이 확연하다. 경찰청이라는 글자가 건물 앞 돌판에 음각되어 있지만, 희미해서 잘 드러나지 않는다. 최초의 런던 경찰청은 그레이트 스코틀랜드 야드Great Scotland Yard 거리에 있었다. 거리 이름을 따서 메트로폴리탄 경찰을 스코틀랜드 야드라고 부르기 시작했고, 이제는 경찰 활동 자체를 스코틀랜드 야드라고 부른다. 미국 증권업계를 월스트리트라고 칭하는 것과 같은 방식이다. 경찰청 건물에 경찰청이라는 표식이 잘 드러나지 않는 이유는 무엇일까? 런던 경찰의 의식 속에는 경찰은 드러나지 않아야 하는 존재라는 생각이 있다.

한번은 이런 일이 있었다. 런던 시내 도로에서 우회전을 하려는 차량 한 대가 직진 차량의 정체에 막혀 있었다. 자전거 도로를 침범해 조금만 가면 앞차와 관계없이 우회전이 가능했다. 운전자가 자전거 도로를 침범해 우회전하려는 순간에 맞은편에서 자전거가 왔다. 자전거 운전자는 차량을 막았고, 서로 고성이 오갔다. 마침 교통경찰이 지나고 있었다. 자전거 운전자는 경찰에게 상황을 설명했고, 모든 과정을 핸드폰으로 촬영했다. 상황을 파악한 경찰은 차량 운전자에게 후진해서 원래 차선으로 가게 했고, 직진 차량의 정체가 해소되면서 차는 우회전해 가려던 길을 갔다. 자전거 운전자가 이 영상을 SNS에 올려도 되는지 경찰에게 묻자 경찰은 이렇게 답했다. "당신이 찍은 영상을 어떻게 활용하는가는 당신의 자유입니다."

경찰은 개인 간의 다툼에서 시시비비를 가리려고 하지 않았다. 차량 운전자를 행해 "아저씨가 잘못했네!"라는 말은 없었다. 운전자의 과실을 정정했지만 운전자에게 어떤 벌금도 부과하지 않았고, 운전자를 가르치려 하지 않았다. 경찰의 태도가 놀라웠고, "그것은 당신의 자유입니다"라는 말은 인상적이었다.

몇 년 전에 투르크메니스탄의 아쉬하바드Ashgabat에 출장을 간 적이 있다. 투르크메니스탄을 후진국이라고 생각하기 쉽지만 석유와 천연가스가 많아서 경제적으로 잘 사는 나라에 속한다. 거리는 깨끗하고,

런던아이London Eye, 이름처럼 런던 전체를
한눈에 내려다볼 수 있는 풍경이 펼쳐진다.

건물이 순백색인 것이 특이했다. 핸드폰으로 건물 사진을 찍는데 나무 뒤에서 한 젊은이가 나타나 "사진 찍으면 안 돼요"라고 말했다. "왜 사진 찍으면 안 돼죠? 개인의 자유가 뭔지 모르나요?"라고 따졌다. 그는 나를 위아래로 훑어보더니, "사진 찍지 말고 그냥 가세요!"라고 위압적으로 말했다. 이상한 사람이라고 생각했다. 나중에 그곳 사람들에게 상황을 이야기하니 다들 놀랐다. 그 사람은 경찰이고, 길거리에서 그렇게 건물 사진 찍는 것은 법으로 금지되어 있으며, 경찰의 지시를 따르지 않으면 잡혀갈 수도 있다고 했다. 그들이 그러는 것은 모두 국민의 안전을 위한 것이란다. 안전이란 무엇인가? 현대 사회에서 길거리 건물 사진은 어떻게 국민의 안전을 위협하는가?

한번은 비 오는 날에 뉴스코틀랜드 야드를 지나가다가 사진을 찍은 적이 있다. 여러 각도에서 사진을 찍고 있는데 중무장한 경찰이 나를 향해 손동작을 하며 다가왔다. '영국도 경찰청 본부를 찍는 것은 금지되어 있는 건가?' 하는 생각이 들었다. 그런데 경찰은 나를 지나쳐 다섯 걸음쯤 가더니, 고개를 숙여 땅바닥에서 뭔가를 주웠다. 경찰은 "이거 당신이 핸드폰 꺼낼 때 떨어트린 것 아닌가요?"라고 말하며 주차권에 묻은 물기를 닦은 후에 내게 건네주었다.

많은 사람들이 런던의 거리를 걸으면서 편안함을 느낀다. 신호등을 무시하며 길을 걸을 수 있기 때문만은 아니다(많은 런던의 보행자가 신호등을 자주 무시한다). 거리에는 국가가 없고, 간섭과 억압이 없다. 없다기보다는 권력이 드러나지 않는 방향으로 사회가 발전한 것이다. 권력이 스스로 드러내지 않고 겸손할 때, 개인은 자유를 느낀다. 그걸 착각이라고 비하할 수도 있지만, 그런 느낌은 매우 소중하다.

존 스튜어트 밀의 《자유론》에는 이런 구절이 있다.

"영국인은 의회나 행정부가 개인의 삶에 관여하는 것에 상당한 거부감을 가지고 있다. 이는 개인의 독립성이 지켜져야 한다는 고귀한 뜻 때문이 아니다. 정부가 개인의 이해를 제대로 반영하지 못할 것이라는 통념에서 비롯된 것이다. (중략) 자유 영역으로 남아 있는 개인의 사생활에 정부가 간섭하려 드는 모든 시도에 대하여 영국인은 크게 거부하는 편이다. 간섭이 불법적이든 합법적이든 관계없이 간섭 자체를 싫어한다."

UNITED KINGDOM

5장
영국의 종교와 교회의 흥망성쇠

가장 오래된 성경과 쿠란

런던 킹스크로스는 유명한 관광지다. 해리 포터가 호그와트 마법학교로 출발하는 곳이 킹스크로스 역의 9와 3/4 플랫폼이기 때문이다. 킹스크로스에 가서 해리 포터 흔적을 보는 것 못지않게 중요한 일이 있다. 킹스크로스에 위치한 세계에서 가장 큰 도서관인 영국도서관을 방문하는 것이다. 1973년에 설립된 이곳에는 2억 권에 달하는 책이 있다. 영국박물관이 보관했던 희귀한 책과 간디, 쑨원, 마르크스, 레닌 등의 손때가 묻은 책이 모두 영국도서관으로 옮겨졌다.

일반에 공개되는 희귀본 중에 가장 관심이 가는 것은 코덱스 시나이티쿠스Codex Sinaiticus와 코덱스 알렉산드리누스Codex Alexandrinus다. 바

현존하는 가장 오래된 완성본 신약성경, 코덱스 시나이티쿠스

티칸에 보관되어 있는 코덱스 바티카누스Codex Vaticanus와 함께 가장 오래되고, 가장 권위 있는 성경 사본이다. 코덱스 시나이티쿠스의 구약은 많이 손실되었지만, 신약은 완벽에 가깝게 보존되어 있다. 현존하는 가장 오래된 완성본 신약성경이라고 할 수 있다.

양피지에 고대 그리스어 대문자로 쓰인 코덱스 시나이티쿠스는 330~360년경에 만들어졌다. 시나이 반도에서 그 가치를 알아본 독일 성서학자가 몇 페이지를 독일로 가져갔고, 후에 러시아 성직자가 구입해 러시아 황제에게 바쳤다. 코덱스 시나이티쿠스는 1933년까지 페테르부르크 국립 러시아 박물관에 보관되어 있었다. 하지만 스탈린이 경제개발계획을 실행할 자금을 마련하기 위해 1933년에 단돈 10만 파운드(현재 가치 770만 파운드, 115억 원)에 영국박물관에 매각했다. 런던의 고급 단독 주택이 100억 원을 넘는 시대에 115억 원은 큰돈이 아니다.

소련은 너무 저렴한 가격에 코덱스 시나이티쿠스를 팔았다.

페테르부르크는 1700년 전의 성경과 함께 세상에서 가장 오래된 쿠란 중의 하나인 사마르칸트 쿠란을 동시에 보유했었다. 사마르칸트 쿠란은 현재 우즈베키스탄의 타슈켄트에 있다. 무함마드Muhammad 사후 19년인 651년에 세 번째 칼리파인 우트만Uthman이 쿠란 원본으로부터 다섯 개의 사본을 만들었는데, 원본과 네 개의 필사본은 사라지거나 훼손되었고, 현재 온전한 형태로 남아 있는 것은 사마르칸트 사본이 유일하다. 사마르칸트 사본은 메디나에서 제작되어 다마스쿠스를 거쳐 바그다드로 전해졌는데, 티무르 제국의 아미르 티무르Amir Timur 왕이 14세기에 중동을 정복하고 사마르칸트로 가져왔다. 이를 1866년 제정 러시아가 중앙아시아를 정복한 후에 페테르부르크로 옮겼다.

러시아 혁명 이후에 무슬림이 많이 살던 지역에 반혁명 분위기가 강했다. 타타르인이 많았던 카잔Kazan과 바쉬키르인이 많이 살았던 우파 Ufa가 대표적이었다. 레닌이 카잔 출신이었기에 카잔의 반혁명 분위기를 잠재우는 것은 어렵지 않았지만, 바쉬키르인이 많았던 우파는 걱정거리 중의 하나였다. 레닌은 바쉬키르 무슬림을 달래기 위해 사마르칸트 쿠란을 우파에 보내 전시했다. 우즈벡인은 레닌 사후에 쿠란의 반환을 강력히 요청했다. 우즈벡인이 보기에 자신들의 쿠란이 소련의 수도였던 모스크바나 예르미타시Hermitage가 있는 페테르부르크라면 모를까 우파에 있을 이유가 전혀 없었기 때문이다. 이에 스탈린은 우즈베키스탄의 타슈켄트로 사마르칸트 쿠란을 돌려보냈다.

그렇게 가장 오래된 사마르칸트 쿠란은 1924년에 우즈베키스탄으로 옮겨졌고, 가장 오래된 성경 중의 하나인 코덱스 시나이티쿠스는 1933년에 영국에 팔렸다. 사마르칸트 쿠란은 작성 연대에 대해서 논란이 있지만, 직접 보는 순간 논란을 잊어버릴 정도의 압도적인 느낌이 있다. 폭이 1.5미터에 달하는 넓은 사슴 가죽은 진한 청회색 빛을 품고 있고, 서체는 크고 힘차며, 전체적으로 묵직하면서도 강렬한 느낌을 풍긴다. 영국도서관에 있는 코덱스 시나이티쿠스는 밝은 갈색을 품고 있고, 서체는 간결하고, 세련된 느낌을 풍긴다.

코덱스 시나이티쿠스 옆에는 코덱스 알렉산드리누스가 있다. 400~440년 사이에 만들어진 코덱스 알렉산드리누스는 코덱스 시나이티쿠스와 같이 그리스어 대문자로 쓰여 있으며, 종이와 글자 서식이 동일하다. 코덱스 바티카누스와 시나이티쿠스보다 시기적으로는 조금 늦지만, 구약과 신약이 완성된 형태로 존재한다.

십자군 원정과 요크의 학살

중세 시대 성경은 라틴어로 기록되어 있어서 성직자가 그 내용을 독점하고 있었다. 일반인은 읽지 않았고 읽을 수도 없었다. 십자군 원정을 떠난 영국의 왕이나 기사조차도 성경을 직접 읽어보지 못했을 것이다. 하지만 듣는 것만으로는 사실에 접근하기 어렵다.

예루살렘에 가보면 파편적으로 전달된 조각 뉴스가 만들어낸 오해와 왜곡이 얼마나 많은지 깨닫게 된다. '예루살렘을 차지한 유대인이

힘으로 무슬림을 제압하고 있다'는 것이 일반적인 상식이다. 예루살렘은 유대교, 기독교, 이슬람교 모두의 성지다. 세 종교의 신인 여호와가 임재했던 성전이 예루살렘 성 안에 있다. 예루살렘 올드 시티Old City는 유대 지역, 기독교 지역, 이슬람 지역, 아르메니아 지역으로 나뉘어 관리되고 있고, 성전은 이슬람 지역에 있다. 성전은 유대인이 아니라 무슬림의 손에 의해 통제되고 있는데, 유대인이 그곳에 들어가면 폭력 사태가 벌어진다.

유대의 신은 기독교의 신이 되었고, 이슬람교의 신이 되었다. 무함마드가 하늘로 승천해 하늘의 계시를 받은 곳도 예루살렘 성전이다. 이슬람교가 만들어진 초기에는 모든 무슬림이 메카가 아닌 예루살렘 성전을 향해 기도했다. 현재 유대인은 예루살렘 성전에 갈 수가 없기 때문에, 성의 서쪽 벽West Wall (일명 통곡의 벽)에 손을 대고 기도한다.

기독교 입장에서 통곡의 벽을 보면, 기독교식 성전 회복을 머리에 떠올릴 수도 있다. 출발은 기독교 입장에서의 선한 마음이다. 하지만 선한 마음이 반드시 선한 행동을 낳는 것은 아니다. "지옥은 선한 마음으로 가득하고, 천국은 선한 행동으로 가득하다"는 말처럼 행동이 수반되지 않은 마음은 의미가 없다.

'기독교 입장에서의 선한 마음'은 무슬림의 손에 있는 기독교 성전을 회복하자는 운동인 십자군 원정으로 이어졌다. 정확하게 말하면 기독교를 믿지 않는 모든 세력을 상대로 유럽의 기독교 세력이 일으킨 전쟁이다. 1차 십자군 원정은 1095년에 시작해 1099년에 예루살렘을 정복했지만, 다시 이슬람 세력에게 빼앗겼다. 200년에 걸쳐 여러 차례 십자군 원정이 재개되었는데, 영국이 십자군 원정에 참여한 것은 1190년으로 3차 십자군 원정 때다. 십자군은 이슬람에 대한 공격만이 아니라 유대인에 대한 공격이기도 했다.

요크 중심부에는 정복자 윌리엄이 세운 클리포드 타워Clifford's Tower가 있다. 윌리엄은 영국을 통치하기 위해 법과 제도를 포함해 많은 것을 노르망디에서 가져왔다. 하지만 정작 중요하고 필요한 것은 금융이었다. 향후 통치하면서 거두게 될 세금을 미리 가져다가 성을 짓고, 통치 인프라를 개선하고 싶었다. 그럴 수 있는 유일한 방법은 유대인 금융을 활용하는 것이었기에, 노르망디에서 유대인을 데려왔다. 초기 유대인은 왕실로부터 보호를 받는 금융업자였다.

유대인이 영국에서 100년 넘게 금융업을 하면서 돈을 벌어들이자 채무자들이 유대인 고리대금업자를 증오하기 시작했다. 십자군 전쟁 분위기에서 반유대주의가 강화되자, 1190년에 요크에서 유대인에 대한 집단 공격이 발생했다. 유대인이 왕의 시설인 클리포드 타워로 모여들자 타워 주변을 성난 군중이 둘러쌌다. 유대인은 섬처럼 갇혔다. 갇힌 대부분의 유대인은 자식과 아내를 자기 손으로 죽이고, 성에 불을 지르고 자결했다. 일부 불을 피해 타워를 빠져나간 유대인은 성난 군중의 손에 죽었다. 요크의 유대인은 자신들이 빌려준 돈으로 지은 클리포드 타워라는 섬에서 최후를 맞이했다.

군중은 곧바로 요크민스터로 가서 그곳에 보관되어 있던 채권채무 명부를 불태웠다. 유대인 학살은 표면적으로는 종교적인 이유였지만, 본질적으로는 빚을 갚지 않으려는 경제적인 이유였다.

150명의 유대인이 학살된 곳. 클리포드 타워

    요크의 클리포드 타워에는 1190년에 150명의 유대인이 학살되었다는 간단한 설명과 함께 짧은 히브리어 구절이 쓰여 있다. 그 구절은 〈이사야〉 42장 12절이다. "그들은 여호와께 영광을 돌리며 섬들 중에서 그의 찬송을 전할지어다Let them give glory unto the LORD, and declare His praise in the islands."

    성난 군중에 둘러싸인 채로 클리포드 타워에 갇혀 있었던 유대인은 섬에서 그들의 신에게 영광과 찬양을 올리고 자결을 선택했다. 요크에서 발생한 유대인 학살을 기리는 성경 구절로 〈이사야〉 42장 12절만큼 적당한 것은 없다. 봄에는 클리포드 타워 주변에 노란 수선화가 핀다. 육각형 수선화 꽃이 다윗의 별을 상징하기 때문이다.

    영국의 왕 리처드 1세Richard I는 십자군 원정에서 직접 군대를 이끌고 예루살렘으로 떠났다. 왕이 부재한 틈을 타서 동생인 존John이 반란을 일으켰고, 리처드 1세는 영국으로 돌아오는 과정에서 사망했다. 리처드 1세는 가장 불행한 영국 왕 중의 한 명이며, 원정 중인 형을 배신하고 왕위에 오른 존도 실패한 왕이다. 존은 정복자 윌리엄의 본토인 노르망디를 프랑스에 빼앗겼고, 귀족과 성직자의 압력에 굴복해 마그나 카르타에 서명하는 왕이 되었다.

반유대주의는 왜 시작되었나?

템스강 남단에는 홀로코스트 사건의 비극을 기념하는 임페리얼 전쟁 박물관Imperial War Museum이 있다. 반유대주의는 서구의 역사와 늘 함께해왔다. 최근에도 반유대주의 사건 사고가 빈번하게 미디어를 장식하고 있는데, 유대인은 이런 뉴스에 민감할 수밖에 없다. 유럽을 떠나 이스라엘로 가겠다는 유대인도 있다.

반유대주의는 2019년 영국 총선에서도 주요 이슈였다. 반전운동가였던 제러미 코빈Jeremy Corbyn 노동당 대표는 팔레스타인 활동가와 젊은 시절부터 광범위하게 교류했다. 그러던 어느날 노동당 소속 국회의원이 공개적으로 반유대주의 발언을 했는데, 이에 대한 당내 징계조치가 미흡했다. 그러자 일부에서 제러미 코빈을 반유대주의자로 몰아가기 시작했다. 영국에 거주하는 유대인의 70퍼센트가 보수당을 지지하고 있다. 영국 내 유대인 수는 30만 명에 불과하지만, 제러미 코빈이 반유대주의자 오명을 쓴 것은 선거에서 노동당에 불리하게 작용했다.

이스라엘의 영토는 제2차 세계대전 이전에는 대영제국의 땅이었다. 영국은 밸푸어Balfour 선언으로 이스라엘의 탄생에 기여했지만, 유대인으로부터 인정받지 못하고 있다. 역사적으로 다른 나라처럼 영국도 유대인에게 우호적이지 않았다. 3차 십자군 원정 때는 요크와 런던에서 유대인 학살이 있었고, 1290년에는 에드워드 1세Edward I에 의해서 유대인이 모두 영국에서 쫓겨났다. 쫓겨난 유대인은 지금의 벨기에 북부 도시인 브뤼헤Bruges와 안트베르펜Antwerpen으로 이주했다. 1656년 올리버 크롬웰Oliver Cromwell에 의해서 유대인 입국 금지 조치가 풀릴 때까지 366년 동안 영국에는 유대인이 살지 못했다.

일부에서는 반유대주의의 원인을 예수의 죽음에서 찾는데 이것은 옳지 못하다. 예수는 유대의 가정에서 태어나 자랐고, 유대인을 대상으로 설교했다. 부활한 예수가 갈릴리 언덕에서 "너희들은 저 세상으로 나아가 모든 사람들을 제자 삼으라. 내가 너희와 늘 함께하리라!"고 말했을 때 그의 제자들은 모두 유대인이었고, 그들이 오늘날의 24억 명의 예수의 제자를 만들어냈다. 그런 유대인이 예수를 거부했다는 이유로 차별을 당하는 것은 부당하다.

반유대주의의 연원은 역사적 예수 훨씬 이전으로 거슬러 올라간다. 다양성을 인정하는 다신교 사회에서 유일신을 신봉하는 유대인은 특이한 존재였다. 세속 권력을 인정하지 않고, 신의 질서를 우선하는 유대인의 선민의식이 이방인에게는 불편했다. 우상 숭배를 당연하게 생각하던 사람들 눈에는 우상을 숭배했다는 이유로 3,000명의 동족을 살

홀로코스트 사건이 잘 정리되어 있는 임페리얼 전쟁박물관

해한 모세의 종교가 섬뜩하게 생각되었다.

유대인은 역사의 중요한 순간마다 탄압과 차별을 당했다. 유럽에 페스트가 유행하던 때 유대인 마을에는 그 피해가 적었는데, 그것을 이유로 유대인이 페스트를 퍼트렸다며 학살하기도 했다. 깊고 견고하게 뿌리내린 반유대주의 정서가 역사 속에서 면면히 흘렀지만, 유대인은 자신의 정체성을 유지하면서 살아남아 번영을 누리고 있다.

반유대주의에 대응하는 유대인의 방식 중 하나가 유대인의 유머다. 영국인은 유대인의 유머 중에 반권위적인 특성을 드러내는 이야기를 특별히 재미있다고 생각한다.《늙은 유대인의 농담Old Jews Telling Jokes》이라는 책에 나오는 재미난 농담을 하나 소개하면 다음과 같다.

한 노인이 가톨릭 성당에 들어가 고해성사 자리에 앉았다.

"신부님 제 말을 들어주세요."

"뭐든지 말하세요."

"저는 87세입니다."

"어떤 인생이었습니까?"

"오르막도 있었고 내리막도 있었고, 좋은 일도 있었고 나쁜 일도 있었습니다. 11개월 전까지는요."

"11개월 전에 무슨 일이 있었죠?"

"63년을 함께한 아내 셜리가 죽었어요. 셜리가 죽고 너무 외로웠는데, 이웃에 사는 32세의 젊은 여성을 알게 되었어요. 그녀가 치킨 수프를 만들어주었어요."

"훌륭한 믿음의 여성이군요."

"그래서 답례로 좋은 레스토랑에서 저녁을 대접했죠. 맛있는 케이크가 있다고 해 오는 길에 그녀 집에 들렀습니다. 그녀의 집에서 우리는 하룻밤에 일곱 번의 사랑을 나눴어요."

"일곱 번요? 질문을 하나 해도 될까요?"

"네. 신부님 무엇이든 물어보세요."

"당신은 가톨릭 신자인가요?"

"아뇨. 저는 유대인이에요."

"근데 왜 여기에서 내게 고해성사를 하는 거죠?"

"저는 모든 사람에게 이 이야기를 해주고 있어요."

신이 왕을 구한 날

서울에서는 매년 10월 초에 한화그룹이 주최하는 여의도 불꽃놀이 행사가 진행된다. 서울 시민에게 축복과 같은 이 불꽃놀이는 두바이의 부르즈 칼리파, 프랑스의 에펠탑, 영국의 런던아이에서 개최되는 신년 불꽃놀이와 견줄 만한 고품격 행사다. 영국 전역에서도 11월 초에 불꽃놀이가 열린다. 한국의 대보름 전날 쥐불놀이와 한화의 불꽃놀이를 합친 것과 같은 이 행사를 가이폭스 불꽃놀이Guy Fawkes' Firework라고 부른다.

영국 국교회를 설립해 가톨릭과 결별을 선언한 헨리 8세는 가톨릭의 기반을 무너뜨리기 위해 수도원 해산을 명령했다. 중세 수도원은 교육과 복지의 중심이었다. 지금으로 따지면 학교이자 보건소였고, 관공서이자 민사 법원이었다. 그래서 중세를 다루는 소설이나 영화를 보면 신비한 일들은 대부분 수도원에서 일어난다.

1536년에 영국에 900개가 넘는 수도원이 있었는데 그중 625개가 폐쇄되었고, 나머지도 영국 국교회 소유로 변경되었다. 현재 영국의 국회의원 지역구가 650개인데, 이와 맞먹는 수도원이 폐쇄된 것이다. 폐쇄한 수도원은 왕실 재산 증식을 위해 매각되기도 했고, 방치되어 폐허 건물이 되기도 했다. 수도원이 교육 및 복지의 중심이었기 때문에 수도원 폐지는 영국 사회에 큰 영향을 미쳤다. 반지성적이고 반교육적이며 폭력적이었던 헨리 8세의 수도원 폐쇄는 마오쩌둥의 문화대혁명에 비유되기도 한다.

템스강에서 펼쳐지는 가이폭스 불꽃놀이

엘리자베스 1세는 통치 기간 내내 영국 국교회를 정착시키기 위해서 가톨릭을 탄압했다. 1603년에 스코틀랜드의 제임스 6세가 영국 왕에 즉위하면서 영국 역사 기준으로 제임스 1세가 되었다. 가톨릭 신자였던 제임스 1세가 즉위하자, 가톨릭 세력은 영국이 다시 가톨릭 국가로 돌아갈 것이라고 기대했다. 그러나 제임스 1세에게 가톨릭의 부활보다 중요한 것은 영국의 안정이었다. 정착된 영국 국교회를 폐지하고, 가톨릭을 부활시켜 혼란을 일으킬 이유가 없었다.

이에 가톨릭 세력의 불만은 커져갔다. 일단의 가톨릭 강경파들이 제임스 1세를 제거하고, 영국 의회를 파괴하기 위해 1605년 11월 5일에 웨스트민스터 의회 건물 지하에 폭약을 설치했다. 다행히 폭약을 지키고 있던 가이 폭스Guy Fawkes가 발각되어 음모는 극적으로 좌절되었

고, 영국은 이 날을 '신이 왕을 구한 날God Save the King', '신이 의회를
구한 날God Save the Westminster'로 여긴다. 그 이후 이를 기념하기 위한
불꽃놀이가 400년이 넘게 진행되고 있다.

가톨릭 신자들은 이 행사를 즐기지 않는다. 종교의 자유와 관용을 중
시하는 영국 사회는 불꽃놀이 전통이 가톨릭 신자를 자극하지 않을까
우려했다. 그래서 종교적인 색채를 빼고 정치적·문화적 색채를 입혔다.
가이 폭스의 화형식으로 진행되던 불꽃놀이가 오늘날에는 정치인이나
사회적으로 밉상인 인물을 화형시키는 형식으로 바뀌었다.

크롬웰과 아일랜드 감자 흑사병

올리버 크롬웰은 영국 역사에서 평가하기 가장 난해한 인물이다. 웨스
트민스터 사원에 가면 크롬웰이 묻혔다가 파묘된 장소가 그대로 있다.
하지만 사원을 나와 웨스트민스터 의회 건물 쪽으로 가면 크롬웰의 동
상이 세워져 있다. 크롬웰은 누구에게는 반역자며, 누구에게는 영웅이
고, 누구에게는 철천지원수며, 누구에게는 선구자다.

기독교 원리주의자였던 올리버 크롬웰은 예수가 12월 25일에 태어
났다는 기록이 없다고 하여 크리스마스를 금지시킨 인물이며, 성경 구
절에 입각해 유대인의 영국 입국 금지를 해제한 인물이다. 가톨릭 부
활을 희망한 찰스 1세Charles I에 반대해 의회군을 일으켰으며, 가톨릭
세력의 위협을 제거하기 위해 아일랜드에 가서 양민을 학살한 종교의

화신이었다.

입장에 따라, 시대에 따라 올리버 크롬웰에 대한 평가는 극에서 극을 오간다. 기사단Cavalier의 입장에서는 왕을 처형한 반역자이지만, 의회파 입장에서는 뛰어난 군사 지도자였다. 군주제 지지자 입장에서는 영국 역사의 유일한 오점이나, 군주제 반대자 입장에서는 철저한 민주주의자다. 청교도 입장에서는 신의 뜻을 이행하는 정의의 사도였으나, 오늘날의 종교 시각으로 보면 원리주의 테러리스트에 가깝다. 잉글랜드 입장에서는 시민전쟁 이후에 나라를 평화롭게 이끈 호국경Lord of Protector이었지만, 아일랜드 입장에서 보면 잔인한 파괴자였다.

크롬웰을 철저한 민주주의자라고 보는 사람은 크롬웰이 찰스 1세를 처형하고 왕이 되지 않은 것을 높게 평가한다. 반대자는 크롬웰이 왕이 되지 않은 것은 민주주의에 대한 신념 때문이 아니라 그의 독재적 성향 때문이라고 여긴다. 왕이 되어 의회의 견제를 받는 것보다는 왕이 없는 상황에서 의회를 장악하는 것이 권력을 행사하기에 훨씬 수월했기 때문이라는 주장이다. 정권을 잡은 이후 10년간 크롬웰은 왕이 살던 햄프턴 코트와 화이트홀 팰리스에서 살았다. 이름만 왕이 아니었지 모든 면에서 왕이었던 그는 죽으면서 아들에게 호국경의 자리까지 물려주었다.

크롬웰과의 싸움에서 패배한 왕당파 가톨릭은 아일랜드로 넘어갔다. 크롬웰은 아일랜드 가톨릭과 잉글랜드 왕당파의 결합이 자신의 권력에 가장 큰 위협이라고 생각했다. 이 위협의 싹을 잘라내기 위해 크롬웰의 군대는 아일랜드를 정복하면서 학살을 자행했다(1649~1653).

아일랜드의 수도 더블린. 현재는 그 옛날의 참혹했던 모습을 찾아볼 수 없다.

아일랜드의 가톨릭 세력을 몰아낸 크롬웰은 영국과 스코틀랜드의 프로테스탄트에게 아일랜드 땅을 불하했다. 아일랜드의 거의 모든 땅의 소유자가 잉글랜드인과 스코틀랜드인으로 바뀌게 되었다.

크롬웰이 아일랜드를 정복한 지 200년 후에 아일랜드에는 감자 대기근(1845~1852)이 발생했다. 아일랜드 주요 작물인 감자가 검은색 반점을 나타내며 죽는 흑사병에 걸린 것이다. 아일랜드에서 감자 기근으로 굶어 죽은 사람이 100만 명, 해외로 피난을 간 사람이 200만 명이나 되었다. 아일랜드 인구가 800만 명임을 감안하면, 그 피해가 얼마나 끔찍했는지 짐작할 수 있다. 미국의 35대 대통령 존 F. 케네디John Fitzgerald Kennedy와 현 대통령인 조 바이든Joe Biden은 아일랜드 후손이다. 케네디의 부계인 케네디Kennedy 집안과 모계인 피츠제럴드Fitzgerald

집안, 조 바이든의 부계인 바이든Biden 집안과 모계인 피니건Finnegan 집안은 모두 아일랜드 감자 기근을 피해 미국으로 이주했다. 그리고 그들은 여전히 가톨릭 신자다. 아일랜드의 수도 더블린에 가면 대기근을 형상화한 조형물이 있는데, 그 참혹함은 카메라에도 담기 어려울 정도다.

대기근은 감자 흑사병에 기인한 것이기에 잉글랜드의 책임은 아니었다. 하지만 아일랜드인은 잉글랜드가 아일랜드의 기근 구제에 도움을 주지 않았고, 오히려 기근을 부추겼다고 여겼다. 아일랜드 땅의 지주가 대부분 잉글랜드인이었는데, 대기근 동안에 아일랜드에서 잉글랜드로 수확물을 가져가는 일이 있었기 때문이다. 아일랜드인은 이 모든 것의 기원이 올리버 크롬웰 때문이라고 생각한다. 그들에게 크롬웰은 살아서뿐 아니라 죽어서도 아일랜드인을 학살한 원수다.

웨일스, 스코틀랜드, 아일랜드와 잉글랜드가 서로 간에 크고 작은 적대감을 가지고 있지만, 그중에 잉글랜드에 대한 아일랜드의 적대감이 가장 크다. 학교에서도 아일랜드 학생과 잉글랜드 학생의 갈등이 가장 큰데, 이러한 적대감의 근본 원인이 원리주의 신앙을 가졌던 올리버 크롬웰 탓이라고 할 수 있다. 크롬웰의 원리주의 폐해로부터 큰 교훈을 얻은 영국의 학교는 종교적 교리보다 종교적 관용성을 강조하고 있다.

영국인은 왜 교회에 가지 않는가?

페스트가 14세기와 17세기에 두 차례 영국을 강타했다. 전염병이 창궐할 때마다 영국인의 신앙심은 더 좋아졌다. 전염병을 신의 벌이라고 생각해 두려워했기 때문이다. 오늘날 코로나 팬데믹으로 개인의 신앙심이 깊어졌는지는 알 수 없다. 다만 교회 예배의 소중함을 깨달은 사람은 많아졌다.

코로나가 한창일 때 운동하면서 지그재그로 달리는 경우가 많았다. 맞은편에서 상대방이 올 때는 서로 가까워지는 것을 피하기 위해 길을 이리저리 건넜다. 천천히 달리다가 뒤에서 오는 사람에게 따라 잡히는 것조차 부담스러웠다. 하루는 달리기를 하는데, 앞에 달리던 사람이 갑자기 교회 앞에서 멈추더니 예배 시간표가 적혀 있는 교회 게시판을 촬영했다. 바이러스가 진정되면 교회에 나가 볼 요량이었을까?

BSA 서베이British Social Attitudes Survey에 의하면, 1983년에 66퍼센트였던 영국 기독교인 비율이 2018년에 38퍼센트로 감소했으며, 어느 종교에도 속하지 않는다는 사람의 비율이 31퍼센트에서 52퍼센트로 크게 증가했다. 현재 영국에서 주말마다 교회에 나가는 사람은 전체 인구의 5퍼센트뿐이다. 18세에서 24세 사이의 젊은이 중에 영국 국교회를 자신의 종교로 받아들이는 비율은 1퍼센트에 불과했다. 가톨릭을 포함해도 2퍼센트를 넘지 않을 것이다.

조너선 에드워즈Jonathan Edwards는 유명한 영국의 세단뛰기 선수다. 독실한 기독교 신자였던 에드워즈는 1991년 육상 세계선수권대회 세단뛰기 경기가 일요일에 열리자, 안식일에는 경기를 할 수 없다며 참가를 포기했다. 아버지의 설득으로 1993년부터는 일요일에도 경기에 참여했고, 1995년 세계선수권대회에서 18.29미터로 세계신기록을 세웠다. 그 기록은 26년이 지난 지금까지도 깨지지 않고 있다. 그렇게 독실한 신자였던 에드워즈는 2007년에 갑작스럽게 "신은 없다"라고 선언하고 무신론자가 되었다. 우리 앞집 아저씨는 자신이 조너선 에드워즈와 무신론 동기라고 했다. 젊은 시절 교회에서 오르간 반주를 했던 그도 2007년부터 신을 믿지 않게 되었다.

전쟁을 겪은 세대는 대부분 기독교 신자였고, 자식이 믿거나 믿지 않거나 교회에 데리고 나갔다. 평화의 시대를 산 자녀 세대는 믿음이 덜했고, 손주 세대에게 교리보다는 종교적 관용성을 가르쳤다.

종교에 소속감을 느끼지 못하는 비율만 증가한 것이 아니라 무신론자의 비중도 크게 늘었다. 공식 인구센서스에 따르면 2001년 영국 전체 인구의 14.5퍼센트에 불과했던 무신론자는 2011년 조사에서 24.7퍼센트로 크게 늘었다. 인구 구성의 변화와 과학의 발전이 종교에 미친 영향이 크다. 2019년 입소스Ipsos 신뢰도 조사에 의하면, 영국 사람이 가장 신뢰하는 직업군 1위는 의사다. 응답자 67퍼센트가 의사를 신뢰한다고 했다. 2위는 과학자로 62퍼센트의 신뢰를 받았다. 길거리의 모르는 사람을 신뢰한다는 비율이 37퍼센트인 데 반해, 성직자를 신뢰한다는 대답은 15퍼센트였다. 이러한 통계를 봤을 때 영국인의 신앙인 감소 추세가 반전될 가능성은 낮아 보인다.

영국에서 비기독교화 움직임은 여러 곳에서 감지되고 있다. 예를 들면 휴일 이름에서 종교적인 색채를 빼려는 시도가 있다. 국경일이 없고 공휴일이 적은 영국에서 이틀을 쉬는 휴일은 부활절과 크리스마스뿐이다. 그런데 부활절과 크리스마스 휴일의 이름을 바꾸려는 움직임이 있다.

영국 성공회 목사였던 존 웨슬리John Wesley는 감리교를 창시했다. 빌 클린턴Bill Clinton, 버락 오바마Barack Obama, 조앤 롤링Joan Rowling 등이 감리교 신자다. 영국 감리교는 신자 수가 감소해 다시 영국 성공회와의 통합을 고민하고 있다. 영국 성공회는 하나의 조직이지만 그 안에는 다양한 종교적 스펙트럼이 있다. 상위 레벨에서는 가톨릭과 거의 같은 모습을 보이며, 하위 레벨에서는 감리교와 비슷한 모습을 보인다. 종교적 관용성이 강조되고 탈기독교화가 추세적으로 진행되는 상황에서 코로나 바이러스라는 팬데믹을 경험했다. 조깅을 하다가 예배 시간표를 찍어간 젊은이는 어떤 희망을 기대하고 예배 시간표를 찍었을까? 그는 교회 예배에 참석하게 될 것인가?

기독교인 감소 추세는 우리나라에서도 나타나고 있다. 대한예수교장로회 통합 측 자료에 따르면, 교단 소속 교인이 2010년 285만 명으로 정점을 찍은 후에 꾸준히 감소해 2018년에는 254만 명으로 줄었다. 2030년에는 140만 명이 될 것이라는 전망도 있다. 그렇게 될 경우에 20년 만에 신도 수가 절반으로 줄게 된다. 젊은 층으로 갈수록 신도 수 감소 비율이 높다. 2019년 입소스 신뢰도 조사에서 따르면, 한국인이 가장 신뢰하는 직업군은 과학자로 42퍼센트를 차지했고, 의사가 28퍼센트로 2위를 차지했다. 길거리 모르는 사람을 신뢰하는 비율이 22퍼센트인 데 반해 성직자를 신뢰한다는 비율은 13퍼센트에 불과했다. 퍼센트에서 조금씩의 차이는 있지만 순위는 영국의 통계와 대동소이하다.

　한국의 기독교인이 감소하는 이유는 기독교가 변화하는 세상을 잘 따라가지 못하기 때문이라고 할 수 있다. 영향력 있는 대형 교회가 지금처럼 세습화, 정치화, 보수화의 길을 계속 가게 된다면 젊은 층의 이탈이 더욱 심해질 것이고, 영국만큼 빠르게 기독교인 감소 사태를 맞이할 수도 있다. 특히 코로나 바이러스 감염이 교회를 중심으로 확산되면서 교회가 이기적이고 폐쇄적이라는 인상까지 주었다. 한국 교회는 교회와 신앙인의 미래를 어떻게 그리고 있는지 궁금해진다.

UNITED KINGDOM

6장

요람에서 무덤까지

피프스의 일기로 보는 페스트의 참상

개인의 삶을 기록한 일기 중 가장 많이 알려진 것은 나치 치하에서 숨어 살았던 유대인 소녀 안네 프랑크Anne Frank의 일기일 것이다. 국내에서는 이순신 장군의 《난중일기》와 백범 김구 선생의 《백범일지》가 있으며, 영국에서는 새뮤얼 피프스Samuel Pepys의 일기가 매우 유명하다. 어린 시절 숙제로 일기를 써서 선생님께 제출하면, 선생님이 그걸 읽고 점수를 주었다. 학교에 제출하는 일기와 별도로 자물쇠 달린 일기장에 나만의 일기를 썼던 경험이 있다.

　냉전 시기 소련에서는 일기 때문에 많은 사람이 수용소에 잡혀가기도 했고, 죽기도 했다. 일기장에 혁명에 대한 의문, 사회주의에 대한 회의, 인간성 상실에 대한 한탄만 있어도 인민의 적으로 몰려 수용소에 보내졌다. 친기즈 아이트마토프Chingiz Aytmatov의 소설《백년보다 긴 하루》에는 일기 때문에 스파이로 몰려 투옥되는 인물이 나온다. 그 부분을 읽다 보면 가슴이 답답하고 숨이 막힌다. 독자가 그럴 정도면 투옥된 사람은 어떠했을까? 그는 감옥에서 심장이 터져 죽었다.

스탈린 시절부터 소련 사람들은 일기를 쓰지 않게 되었다. "소련이 망한 이유는 사람들이 일기를 쓰지 않고 술만 마셨기 때문이다"라는 우스갯소리도 있지만, 그저 웃긴 이야기만은 아니다. 일기를 통한 글쓰기 연습이 줄어서 그런지 스탈린 이후에는 톨스토이Lev Tolstoy나 도스트옙스키Fyodor Dostoevskii 같은 대문호가 나오지 않았다.《닥터 지바고》를 쓴 파스테르나크Boris Pasternak와 《수용소 군도》를 쓴 솔제니친Aleksandr Solzhenitsyn이 노벨 문학상을 받았지만, 냉전이라는 시대 상황이 고려되었다.

유죄를 입증하기 위해 일기장을 압수해 가는 경우가 있다. 유죄의 증거를 위해 일기를 보겠다는 것은 유죄의 증거를 위해 머릿속을 열어보겠다는 것과 같다. 그것은 스탈린이 꿈꿨던 사회다.

1348년에 페스트가 영국에 상륙했다. 아시아에서 시작해 유럽 전역을 강타하면서 찾아온 이 전염병은 영국에 상륙한 후에 빠르게 퍼져나갔지만, 병의 원인을 전혀 몰랐다. 페스트에 걸리면 고열과 함께 겨드랑이, 사타구니와 목에 악취가 나는 검은 종기가 생겼다. 대부분 증상 발현 후 48시간 이내에 죽었다. 페스트 상륙 2년 만에 영국 인구의 3분의 1이 희생되었고, 이후에도 30년간 페스트는 간헐적으로 발발했다. 페스트로 인해 중세인의 신앙심은 깊어졌지만, 중세를 지탱하던 사회구조는 변하기 시작했다. 페스트로 인구가 줄어들어 농사 인력이 부족해졌고, 이로 인해 농민의 위상이 높아지면서 봉건제도의 근간이 흔들렸다.

페스트는 1665년에 다시 나타났다. 당시 런던 인구의 5분의 1이 또다시 페스트로 죽었다. 페스트에 대한 상세한 기록이 어느 일기에서 발견되었다. 국회의원이었던 새뮤얼 피프스는 1660년부터 1669년까지 하루도 빠지지 않고 상세한 일기를 썼다. 그의 일기에는 페스트의 증상, 피해 상황, 환자의 심리 상태, 페스트가 사회에 미친 영향이 상세히 기록되어 있다. 환자는 구토와 함께 몸을 심하게 떨었고, 검은 종기와 커다란 혹이 온몸에 나타났고, 때로는 코와 손발가락이 검게 변하며 떨어져나가기도 했다. 환자가 있는 집 밖에는 붉은 십자가가 그려져 있었고, 도시 기능이 마비되자 굶어 죽는 사람이 속출했다. 저녁마다 커다란 수레를 끄는 사람이 "시체 내놓으세요!"라고 소리를 지르며 동네를 돌아다녔다. 의사들은 페스트가 공기로 전염된다고 생각해 가운을 입고 마스크를 썼다. 유리로 만든 고글을 써 앞을 볼 수 있게 했고, 코와 입은 새 부리 모양의 마스크로 가렸다. 마스크 안에는 공기를 정화시킬 목적으로 허브를 넣었다.

피프스는 페스트로부터 살아남았다. 그의 일기에는 페스트뿐만 아니라 왕정복고(1660), 2차 영란 전쟁(1665~1667), 런던 대화재(1666)에 대한 이야기가 상세하게 기록되어 있다. 피프스는 죽을 때까지 3,000권의 책을 남겼는데, 그중에 가장 중요한 책이 자신이 쓴 일기가 될 줄은 몰랐을 것이다. 케임브리지 대학교는 별도의 도서관에 그가 남긴 책과 일기장을 보관하고 있다.

우리나라 헌법에는 이런 구절이 있다. "국민의 모든 자유와 권리는 국가 안전 보장, 질서 유지 또는 공공복리를 위해 필요한 경우에 한해 법률로 제안할 수 있으며, 제한하는 경우에도 자유와 권리의 본질적인 내용을 침해할 수 없다." 전염병이 돌면 가고 싶은 곳에 못 가고, 하고 싶은 일을 못한다. 개인의 자유와 권리가 제한된다. 일기 쓰는 것과 일기가 압수될 수 없는 것이 침해될 수 없는 자유와 권리의 본질적인 내용 중의 한 부분으로 인정받았으면 좋겠다. 그래야 역사가 다양한 각도에서 기록될 수 있을 것이다.

백신의 시작, 에드워드 제너와 정원사의 아들

페스트 다음으로 인류를 공포로 몰아넣은 것은 천연두다. 천연두를 퇴치하기 위해 처음으로 백신vaccine이 만들어졌다. 천연두 백신은 영국의 에드워드 제너Edward Jenner가 개발했는데, 그는 자신의 정원사의 아들 제임스 피프스James Phipps를 대상으로 백신을 테스트했다. 1796년 백신 실험을 최초로 진행했을 때 정원사의 아들이 겨우 여덟 살이었다는 것을 생각하면, 실험에 참여한 정원사와 아들의 용기에 박수를 보내지 않을 수 없다.

제너가 천연두 백신을 만들 당시에 인구의 절반이 천연두에 걸렸고,

제너가 정원사의 아들 제임스
피프스에게 백신 테스트를 하
는 그림

걸린 사람의 20퍼센트가 사망했다. 전체 인구의 10퍼센트가 천연두로
사망하고 있었으니 천연두에 대한 공포는 우리가 짐작할 수 있는 수준
이 아니었다. 천연두로부터 인류를 구한 에드워드 제너는 인류 역사상
가장 많은 사람의 목숨을 살린 인물이다. 백신 반대론자는 인정하지 않
겠지만, 인류가 개발한 여러 종류의 백신이 1년에 200만 명 이상을 살
리고 있다고 현대의학은 믿는다.

　현대의학에서 백신을 개발하는 데는 평균 12년의 시간이 필요하고,
1조 원 이상의 돈이 필요하다. 코로나 바이러스 백신은 백신 개발 역사
상 가장 빠른 속도로 진행되었다. 그러기 위해 많은 돈과 인력이 투입
되었다. 영국 정부는 옥스퍼드 대학교와 임페리얼 대학교의 백신 연구
팀을 지원하는 데 돈을 아끼지 않았다.

　코로나19의 염기 서열이 공개된 것이 2020년 1월이었는데, 2월에
이미 옥스퍼드 대학교와 임페리얼 대학교는 동물 실험을 시작했다. 에
드워드 제너의 이름을 딴 옥스퍼드 대학교의 제너연구소는 4월에 임

상시험에 들어갔다. 1차 시험에서 1,112명에게 백신을 투약했는데, 테스트에 참가하기 위해서는 18세 이상 55세 이하로 기저질환이 없어야 했다. 참가자의 절반에게는 가짜 약placebo이 투여되고, 절반의 참가자에게만 진짜 백신이 투여되었다. 누구에게 진짜 백신이 투여되고, 누구에게 플라세보가 투여되었는지 접종자는 모른다. 백신이 성공하기 위해서는 실험 백신이 플라세보보다 50퍼센트 이상 효과가 있어야 한다. 접종자는 체온과 자신의 몸 상태를 0점에서 5점 사이의 점수로 표시해 매일 연구소에 보고했다. 백신 임상시험이 진행되는 중간에 글로벌 바이오 제약회사 아스트라제네카Astrazeneca는 대량 생산 시설을 갖추었다. 백신 개발의 성공 여부를 확인하기도 전에 양산 설비에 투자한 것도 역사상 처음이었다.

영국에서 코로나 백신 개발에 제너연구소가 앞장섰다면, 프랑스에서는 파스퇴르연구소가 선두주자였다. 제너가 죽기 1년 전에 루이 파스퇴르Louis Pasteur가 태어났다. 우리는 파스퇴르를 저온살균 우유를 만든 사람으로 기억하지만, 파스퇴르는 광견병과 탄저병 백신을 만든 백신 전문가였다.

에드워드 제너의 동상은 하이드 파크의 중앙에 있다. 영국식 공원에서 산책을 하고 정원에서 가드닝을 할 때면 간혹 제너의 정원사가 생각난다. 제너의 정원사 아들은 첫 백신 테스트에 응해준 대가로 어떠한 보상을 받았을까? 에드워드 제너는 죽기 전에 제임스 피프스에게 집을 한 채 남겨주었다. 그리고 제너연구소의 코로나 백신 테스트에 참여한 자원자들은 625파운드를 받았다. 지원자 중에는 백신 개발을 총

천연두로부터 인류를 구한 에드워드 제너는
인류 역사상 가장 많은 사람의 목숨을 살린 인물이다.

괄한 새라 길버트Sarah Gilbert 교수의 세쌍둥이 딸도 있었다.

나이팅게일과 손 씻기의 중요성

하이드 파크에 있는 제너의 동상 뒤로는 잔디밭이 펼쳐져 있다. 한가로이 앉아서 도시락을 먹거나 책을 읽고 있는 런던 사람의 모습을 볼 때면 백신이 선물한 세상의 평화에 감사하게 된다. 백신의 개발로 천연두가 정복되던 시기에 워털루 전투(1815년)에서 나폴레옹이 패하면서 유럽에는 또 다른 평화가 찾아왔다. 이후 크림 전쟁이 발발하기까지 40년 동안 영국과 유럽은 전에 없던 평화를 누렸다.

1854년에 발발한 크림 전쟁은 흑해의 영유권을 놓고 러시아와 터키가 벌인 전쟁이다. 러시아의 남하를 걱정한 영국과 프랑스는 터키를 지원하기 위해 전쟁에 참여했다. 양측 합해서 140만 명의 군인이 참전했는데, 이 중에 43만 명이 전사하거나 중상을 입을 정도로 전쟁은 치열했다. 특이했던 점은 사상자의 대부분이 감염병으로 죽었다는 사실이다. 현장에서 죽은 러시아군이 2만 5,000명, 부상 후유증으로 죽은 군인이 1만 6,000명이었는 데 반해 콜레라나 말라리아 등의 병으로 죽은 군인이 8만 9,000명이나 되었다. 영국군 중에서도 현장에서 죽은 군인은 2,755명, 부상 후유증으로 사망한 군인이 1,847명이었는 데 반해 감염병으로 사망한 군인은 1만 7,580명에 달했다. 프랑스군의 경우는 더 심해 감염병 사망자가 7만 5,375명이나 되었다. 크림 전쟁은 터키, 영

병원의 위생을 혁신적으로 개선하는 데 공헌한 나이팅게일의 동상

국, 프랑스 연합군의 승리로 끝났고, 위생의 중요성을 무엇보다 큰 교훈으로 남겼다.

런던의 중심부 트래펄가 광장에서 피카딜리 역으로 가다 보면 크림 전쟁 기념비가 있고, 그곳에 촛불을 들고 있는 나이팅게일의 동상이 있다. 영국인의 특별한 사랑을 받고 있는 나이팅게일은 영국인이지만, 이탈리아 피렌체의 궁궐 같은 집에서 태어나 자랐다. 간호사를 하겠다고 했을 때, 그녀의 아버지는 아마도 뒷목을 잡고 쓰러졌을 것이다. 당시에 간호사는 의사의 하녀에 불과했고, 의사조차도 명예로운 직업이 아니었다.

크림 전쟁에 간호사로 참여한 나이팅게일은 군인들이 총에 맞아 죽는 것보다는 상처가 더러운 환경에 노출되어 세균 감염으로 죽는 경우가 더 많다는 것을 간파했다. 아무도 주목하지 않고 있던 위생과 사망률의 연관성을 통계로 보여주었다. 정부와 군을 설득해 병원의 위생을 혁신적으로 개선했다. 나이팅게일의 활동 이전에 영국군 부상자 사망률은 40퍼센트였는데, 나이팅게일의 위생적인 조치로 사망률은 2퍼센트로 떨어졌다. 덕분에 군병원뿐 아니라 모든 병원이 위생의 중요성을 깨닫게 되었고, 위생 관념을 가지게 되었다.

전쟁에서 돌아온 나이팅게일은 1860년에 세계 최초의 근대식 간호학교를 런던의 세인트토머스 병원에 설립했다. 오늘날 많은 선진국은 공통적으로 간호 인력 부족 현상에 직면해 있다. 현재 영국의 간호사 수는 30만 명인데, 항상 부족하다. 영국에 가장 쉽게 이민 올 수 있는 직업군이 간호사다. 영국에서 간호사는 대표적인 3D dirty, difficult, dangerous 업종이고, 그중에 간호사만큼 오래 공부해서 자격증을 취득해야 하는 직업은 없다. 영국에서 간호사 자격증을 취득하기 위해 공부하다 포기하는 비율이 3분의 1을 넘는다. 어려운 과정을 마친 간호사는 나이팅게일 선서를 하고 간호사가 된다.

세계 최초의 간호대학을 설립한 나이팅게일이지만, 간호사에게 자격증을 주는 제도에는 반대했다. 간호는 기술의 영역이 아니라 숭고한 돌봄의 영역이라고 보았기 때문이다. 간호사란 체온과 혈압을 재고, 주사를 놓아주는 일만 하는 게 아니다. 물수건을 머리에 대주고, 말동무를 해주고, 촛불을 들고 문밖을 서성이는 일을 해야 하는데 나이팅게일은 이것을 기술의 영역이 아니라 성스러운 돌봄의 영역이라고 생각했다.

2020년 코로나 팬데믹 국면에서 나이팅게일이 여러 곳에서 소환되었다. 나이팅게일이 태어났던 이탈리아의 북부 지역은 유럽에서 코로나 피해가 제일 먼저 시작된 곳이었고, 나이팅게일의 고국 영국은 유럽에서 피해가 가장 컸다. 나이팅게일은 손 씻기 캠페인의 창시자다. 코로나 사태에서 손 씻기의 중요성이 강조될 때마다 나이팅게일이 언급되었다. 보리스 존슨 영국 총리가 코로나에 걸려 입원한 곳은 나이팅게일이 간호학교를 만든 세인트토머스 병원이었다. 코로나로 인한 중증 환자가 증가하자 영국 정부는 전시회장을 활용해 임시 병원을 짓고, 병원 이름을 나이팅게일 병원으로 명했다. 코로나 치료에서 중요한 것은 돌봄이라고 보았기 때문이다.

우리가 사는 세상은 이제 대면 영역보다 비대면 영역이 점점 커지게 되었다. 고독한 사람이 늘어나고, 돌봄의 사각지대에 있는 사람이 증가한다. 이런 시대일수록 주변을 돌보는 자세가 필요하며, "돌봄은 자격의 문제가 아니고 숭고한 정신의 문제다"라는 나이팅게일의 말을 기억해야 한다.

감기에 항생제는 소용없다

런던의 페딩턴 지역에는 세인트메리 병원St. Mary's Hospital이 있다. 1928년에 알렉산더 플레밍Alexander Fleming이 페니실린을 발견한 곳이다. 플레밍은 포도상구균을 연구하고 있었고, 아래층에서는 다른 학자가 푸른

곰팡이로 실험하고 있었다. 어느 날 플레밍이 휴가를 다녀왔는데 돌아와 보니 포도상구균 배양 접시 한 곳에서 이상 현상이 발견되었다. 아래층에서 날아온 푸른곰팡이가 포도상구균의 번식을 억제하고 있었던 것이다. 신의 선물처럼 그렇게 페니실린이 발견되었다.

페니실린은 인류 최초의 항생제다. 페니실린의 발견으로 현대의학과 약학은 비약적인 발전을 하게 되었으며, 인류를 괴롭혀왔던 많은 질병이 페니실린으로 정복되었다. 매독이나 임질과 같은 성병이 치료되었으며 페스트, 결핵, 식중독 등 많은 세균성 질환이 페니실린을 시작으로 개발된 항생제 앞에 무릎을 꿇었다. 1924년에 레닌이 매독으로 죽었는데(소련은 레닌이 매독으로 죽었다는 사실을 부인함), 페니실린이 조금만 일찍 발견되었다면 소련의 역사는 달라졌을까?

페니실린은 매독이 아니면 잘 사용하지 않는데 그 이유는 많은 세균이 페니실린에 내성을 보이기 때문이라고 한다. 페니실린도 진화해 새로운 페니실린계 항생제가 우리의 건강을 지키고 있다. 아목실린 같이 우리에게 익숙한 항생제 중 다수가 페니실린계 항생제다.

페니실린은 세균(박테리아)의 세포벽을 공격해 박테리아를 무력화시킨다. 그러나 바이러스는 박테리아와 달리 하나의 완전한 세포가 아니기 때문에 세포벽이 없다. 바이러스는 간단히 말하면, DNA 또는 RNA 덩어리에 불과하다. 자가 증식을 하지 못하기에 생명체라고 말하기도 어렵다. 다른 세포에 기생해 그 세포 물질을 이용해 증식한다. 따라서 페니실린이 대단한 공격력을 가지고 있다고 해도, 공격할 대상 자체가 없는 바이러스에는 효과가 없다. 세포벽을 공격하는 방식이 아닌 다른 항생제도 바이러스를 공격하는 데에 애를 먹는다. 쉽게 이해하자면, 생명체가 아니어서 생명체를 죽이는 약으로는 처리가 안 되는 것이다. 감기에 항생제 먹지 말라고 하는 것이 이제야 이해가 된다.

감기, 독감, 에볼라, 메르스, 사스, 코로나, 에이즈 등이 바이러스 질환이다. 의학과 약학의 비약적 발전에도 불구하고 바이러스를 퇴치하는 데는 아직 성공하지 못하고 있다. 21세기 첫 팬데믹이었던 코로나19는 코로나 바이러스의 변종이다. 감기처럼 아직은 범용 치료제를 만들지 못했다. 페니실린으로 시작된 항생제의 발견으로 인류의 수명이 30세가 연장되었다고 한다. 페니실린이 발견되었듯이 신의 선물처럼 바이러스 퇴치법이 발견된다면, 인류의 수명은 또 한 번 연장될 것이다.

페니실린을 발견한 알렉산더 플레밍과 윈스턴 처칠에 관한 재미난 일화가 있다. 알렉산더 플레밍의 아버지가 물에 빠진 윈스턴 처칠을 구해줬다. 처칠의 아버지는 플레밍의 집에 찾아가 사례하려고 했지만, 알렉산더 플레밍의 아버지는 극구 사양했다. 그때 어린 알렉산더 플레밍을 본 처칠의 아버지가 그의 교육을 책임지겠다고 약속했고, 그를 의대에 진학시켰다. 후에 윈스턴 처칠이 큰 병에 걸렸는데, 알렉산더 플레밍이 개발한 페니실린을 맞고 살아났다. 그렇게 플레밍 부자는 윈스턴 처칠을 두 번이나 살렸다.

널리 알려진 이 에피소드는 영국 현대사의 극적인 장면 중의 하나지만, 역사적 사실이 아니라 누군가에 의해 만들어진 이야기다. 왜 이런 에피소드가 만들어졌을까? 누군가가 영국 현대사를 빛낸 윈스턴 처칠과 알렉산더 플레밍에 대한 존경심의 발로에서 두 사람을 서로 묶어보고 싶었나 보다.

복지국가의 탄생, '요람에서 무덤까지'

건강이 무엇보다 중요한 시대다. 우리는 살면서 얼마만큼의 약을 먹을까? 처방 문화와 평균 수명이 다르기 때문에 나라마다 차이가 있을 것이다. 영국인은 태어나서 죽을 때까지 평균 1만 4,000알의 약을 먹는다. 영국박물관에는 '요람에서 무덤까지'라는 예술 작품이 있다. 폭 2미터, 길이 14미터의 테이블에 한 사람이 평생 복용하는 약이 배열되어 있다. 수지 프리먼Suzie Freeman의 작품으로 2003년부터 영국박물관에 전시되어 있다. 여자는 남자보다 약을 10퍼센트 이상 더 복용한다. 영국 국가의료시스템NHS에서 처방된 약을 기준으로 삼은 통계다. 현대인이 이토록 많은 양의 약을 복용하고 있다는 것이 놀랍다.

앞에서도 다뤘지만, 윌리엄 베버리지는 '요람에서 무덤까지'라는 보고서를 통해 복지국가 모델을 제시했다. 영국인은 개인의 자유를 철저히 요구하는 대신에, 정부에 요구하는 것이 많지 않다. 이러한 자유방임의 자세는 복지국가라는 개념과 배치되는 측면이 있다. 그러나 두 차례 세계대전으로 경제가 붕괴한 가정이 많았기 때문에, 자유방임만을 주장할 수만은 없었다. 결국 베버리지의 권고에 따라 국민 의료보험, 연금, 실업수당, 최저 생계비 등의 정책이 등장했다.

수지 프리먼의 작품 〈요람에서 무덤까지〉

국가가 개인의 삶에 개입하는 복지국가 모델은 제2차 세계대전 이후에 전 세계에 널리 퍼졌다. 복지의 확대는 선진국의 상징이 되었고, 역사적 진보로 인식되었다. 그러던 와중에 마거릿 대처가 등장해 복지 확대의 흐름에 제동을 걸었다. 전쟁이 끝나고 한 세대가 지났기에 본래의 영국으로 돌아갈 수 있는 토대가 만들어졌다는 이유에서였다. 대처의 복지 후퇴 정책에 대해 노동자 계급은 강력히 반대했지만, 대처의 의지를 꺾지는 못했다. 대처의 승리는 인류 정치사에서 흔치 않은 사례다.

'인간은 자신의 삶에 대한 자신의 결정권이 증가할 때 행복감을 느낀다'는 것이 영국 자유주의의 기초다. 영국이 브렉시트를 선택한 배경도 이와 같다. 자신의 삶을 스스로 결정하고 스스로 책임지는 것이 국민이 원하는 가치라는 판단이다. 영국 농민의 삶은 농민이 정하고, 어민의 삶은 어민이 정하며, 개인의 삶은 개인이 결정하는 것이 좋다는 것이 영국인의 정서다.

영국의 의료 시스템은 국가에서 제공하는 무상 의료 시스템이다. 자유방임 정책이 국가 개입 정책보다 선호되는 영국 사회에서 NHS^{National Health System}는 특별한 예외에 속한다. 마거릿 대처에 의해 많은 복지 정책이 후퇴했지만, 그녀도 국민적 지지가 굳건했던 NHS는 손보지 못했다. NHS하에서 영국인은 평균 1만 4,000알의 약을 복용한다. 비타민, 영양제, 비처방 약을 모두 합칠 경우 평균 5만 4,000알을 복용한다.

미국의 스페이스X와 영국의 NHS

러시아 우주선 발사 기지인 바이코노루는 카자흐스탄에 있다. 러시아는 바이코노루를 조차하는 대가로 1년에 1,400억 원을 카자흐스탄에 지불한다. 카자흐스탄의 끄질오르다 지역에 갔을 때 먼발치에서 우주선 발사를 우연히 목격한 적이 있다. 2020년 5월에 일론 머스크^{Elon Musk}의 스페이스X^{SpaceX}는 성공적으로 유인 우주선을 발사했다. 최초의 민간 유인 우주선이었다. 민간이란 것은 왜 중요한가?

제2차 세계대전 이후 소련과 미국은 우주 탐사를 놓고 사활을 건 전쟁을 치렀다. 소련은 최초의 무인 우주선, 최초의 유인 우주선, 최초의 달 착륙선을 발사하면서 앞서 나갔다. 미국은 간발의 차이로 뒤처지면서 자존심에 상처를 입었으나 아폴로 11호의 달 착륙으로 자존심을 회복했다. 최초로 우주 왕복선도 만들었지만, 엄청난 돈이 투여되었다. 냉전 시기 우주 탐사에 얼마나 많은 돈이 투입되었는지와 얼마나 많은 발사 실패가 있었는지는 비밀이다. 미국은 소련을 이기기 위해 막대한 돈을 퍼부었다. 소련은 미국에 대항할 만한 돈이 없었기에 절약하면서 성공하는 법을 터득했다. 미국은 우주인이 쓰는 볼펜을 개발하기 위해 돈을 투자했지만, 소련은 우주인에게 연필을 쓰도록 했다.

미국과의 경쟁에서 패한 소련이 붕괴하자, 인류의 우주 탐사는 새로운 국면에 진입했다. 러시아는 모든 면에서 미국의 상대가 되지 못했다. 그러자 미국은 소련의 후예를 이기기 위해 돈을 쓸 필요를 느끼지 못했다. 현재 미국과 러시아의 국력 차이는 구글과 얀덱스Yandex의 차이라고 할 수 있다. 얀덱스를 모르는 사람이 있다면, 러시아와 미국의 국력 차이를 더 실감할 수 있다.

미국은 돈 먹는 하마인 우주 탐사 계획을 전면 수정했다. 비싼 우주 왕복선보다는 러시아 우주선에 우주인을 태워 보내는 방법을 선택했다. 2000년부터 나사NASA의 조종사가 러시아 우주선을 탔다. 처음에는 러시아 우주선을 타는 데 한 명에 240억 원을 지불했고, 2020년에는 960억 원을 지불했다. 미국식 우주 왕복선보다는 싸지만, 점점 비싸지고 있다. 러시아가 한국 우주인 이소연을 태워준 것은 돈을 벌기 위한 것이었지만(한국 정부도 러시아에 240억 원을 지불했다), 미국 우주인을 태우기 시작한 것은 돈 때문만은 아니었다. 러시아도 미국의 기술력이 필요했다. 특히 소련의 우주 정거장인 미르MIR가 수명을 다한 상황에서 미국과 함께 국제우주정거장ISS을 세팅해야 했기 때문이다.

돈 쓰는 맛을 한번 들이면 끊기 어렵다고 하지만, 더 끊기 어려운 것은 절약하는 맛이다. 절약의 묘미를 깨달은 사람에게 소비를 유도하는 방법을 알아내면, 여러 경제 문제가 쉽게 풀린다. 절약하며 우주인을 보내는 방법을 안 미국은 더 이상 비싼 돈을 들이며 우주에 가려 하지 않았다. 미국은 러시아 발사체보다 더 싼 대안을 가지고 싶었다. 스페이스X와 보잉은 러시아보다 저렴하게 우주선을 발사하겠다고 제안했고, 나사는 스페이스X와 보잉에 자금을 투자했다. 러시아는 나사의 계획이 실패하기를 바랐지만, 스페이스X는 보잉과 경쟁하면서 멋진 성공을 이어갔다. 유인 우주선을 발사하기까지 80회가 넘게 무인 우주선을 쏘아 올렸다.

80차례 이상 우주선을 발사하면서 유인 우주선을 쏘지 않은 것은 나사가 볼 때 스페이스X의 안전성이 충분하지 못했기 때문이다. 90분의 1의 확률로 미션에 실패할 가능성이 있다고 판단했으며, 그 확률이 270분의 1까지 내려가지 않는다면 우주인을 태우지 않을 계획이었다. 스페이스X의 유인 우주선 발사는 스페이스X의 기술력을 나사가 인정했다는 의미를 가진다.

기술의 안정성보다 더 인상적인 것은 스페이스X가 보여준 비용 구조다. 스페이스X는 러시아 우주선보다 20퍼센트 정도 저렴하다. 비용 절감을 위해 발사체를 회수해 재사용하는 방법을 개발했기 때문이다.

발사체가 분리된 후에 돌아와서 착륙하게 만든 것이다. 급기야 러시아는 우주선 탑승을 30퍼센트 할인하겠다고 선언했다.

스페이스X의 유인 우주선 발사가 성공하면서 저비용 우주 탐사 시대가 열렸다. 스페이스X는 이미 흑자를 내는 기업이며, 유인 우주선 발사 성공 이후로 흑자 규모는 증가할 것이다. 공공 기업과 달리 민간 기업은 효율성이 없으면 사라진다. 민간에서 효율성이 입증되었다는 것은 우리 삶에 더 가까워졌다는 뜻이다.

텔레비전에서 보는 스페이스X의 우주선과 우주 발사대는 기존에 보는 것과 달리 세련되었다. 우주인이 입은 슬림한 우주복과 우주선의 터치스크린은 스페이스X가 앞으로 우주 개발의 주도권을 쥘 것임을 시사했다. 스페이스X가 기술면에서 러시아보다 10년 정도 앞서 있다고 평가하는 전문가도 있다. 앞으로 러시아와 중국도 스페이스X의 우주 개발 방식을 따라가야 할 것이다.

2020년 5월에 플로리다에서 발사한 스페이스X의 유인 우주선은 런던에서도 육안으로 볼 수 있었다. 영국 NHS가 코로나와의 싸움에 한창이던 때다. NHS는 영국의 제도 중에 가장 좌파적이고 사회주의적이다. 정책에 대한 국민적 지지가 높기 때문에 공공성을 후퇴시키는 시도는 모두 좌절되었다. 보수당 지지층은 변화를 원하지 않기에 NHS의 개혁도 원하지 않으며, 노동당 지지층은 보수당 정책 중에 보기 드물게 자신들 정책 방향과 일치하고 있기에 변화를 바라지 않는다.

그러나 NHS는 코로나에 효과적으로 대처하지 못했다. 개인의료보호장비PPE 구매 타이밍을 놓쳤고, 개별 병원은 정부의 결정을 기다리

느라 진단 테스트 역량을 신속히 늘리지 못했다. 2010년도 영국인의 NHS에 대한 신뢰도는 70퍼센트에 달했는데, 2018년에는 53퍼센트로 줄어들었다. 2019년에 60퍼센트로 반등했지만 코로나 대응에 실패한 이후의 신뢰도는 다시 떨어질 수도 있다. NHS는 스페이스X의 경험으로부터 민간 영역의 창의력과 효율성을 배워야 한다. 민간의 효율성이 공공성과 조화를 이루고 있는 한국 의료보험 시스템이 영국의 NHS보다 우수해 보인다. 공공성을 강화하면 병원 문턱은 낮아지지만, 의사를 만나기는 더 힘들어진다.

그러나 NHS를 바라보는 영국인의 시각은 외부인의 시각과는 다른 면이 있다. NHS는 영국의 상징이며 자부심이다. NHS에 대한 신뢰 문제는 NHS가 예산을 충분히 보유하지 못하고 있기 때문이라고 생각하는 영국인이 많다. NHS의 공공성을 낮추는 것이 답이 될 것이라는 시각이 외부적 시각이라면, NHS에 보다 많은 예산을 투여하면 문제를 해결할 수 있다는 분석이 내부적 시각이라고 할 수 있다.

7장

영국의 전통을 지키는 교육

학문의 기원, 옥스퍼드와 케임브리지

여행자들이 케임브리지역에서 내리면, 캠Cam강 펀팅punting(배타기)을 권유하는 사람을 만나게 되는데, 한번쯤 해보는 것이 좋다. 조각배를 타고 거슬러 올라가면 캠강 양편으로 다양한 칼리지 건물을 볼 수 있고, 오른쪽과 왼쪽을 연결하는 '캠강의 다리Cam-bridge'를 여럿 만나게 된다. 캠강 주변에는 황소0x가 한가롭게 풀을 뜯고 있어서, 옥스퍼드Oxford(황소의 마을)도 자연스럽게 떠오른다. 배를 타고 가다가 중간에 유턴해 되돌아오는데, 끝까지 가보고 싶은 생각에 되돌아올 때 아쉬움이 남는다.

강물을 거슬러 올라가면 산 정상 어딘가에 깨끗한 옹달샘이 있는데,

편팅을 하면 캠강 양쪽으로 다양한 칼리지 건물들을 만날 수 있다.

그것을 기원origin이라고 부른다. 현대 서양 학문이라는 강물을 거슬러 오르면, 끝에는 옥스퍼드와 케임브리지라는 두 개의 옹달샘이 있다. 두 학교를 합쳐 옥스브리지라고도 부른다. 옥스퍼드 대학교는 1096년에 설립되었는데, 당시 대학은 사회적 특권을 누리고 있었다. 옥스퍼드 교수가 범죄 혐의로 재판을 받게 되면 재판관으로 성직자와 귀족이 참여하게 되고, 교수는 가벼운 처벌을 받거나 무죄가 선고되는 경우가 많았다. 1208년 옥스퍼드 대학교의 교수 세 명이 살인 혐의로 체포된 일이 있었다. 당시 귀족이나 성직자와 불편한 관계를 유지하고 있던 존 왕은 이 사건을 정식 재판 소집 없이 처리하고 형을 집행했다. 이 조치에 대해 대학의 교수와 학생들이 반발하자 이번에는 마을 사람들이 들고 일어났다. 대학과 마을 주민 사이에 분쟁이 일자 마을 주민들의 폭력을 두려워한 일부 대학 교수와 학생들이 옥스퍼드를 떠나기 시작했다. 그중 일부가 새롭게 정착한 곳이 케임브리지였고, 1209년 케임브리지 대학교가 출범했다.

캠강에서 배를 모는 젊은이는 "우리는 옥스퍼드를 좋아하지 않는다"는 말로 펀팅을 시작한다. 두 대학의 라이벌 의식을 드러낸 것이다. 옥스퍼드와 케임브리지는 글로벌 대학 랭킹에서 일등을 다툰다. 케임브리지가 앞서고 있는 줄 알았는데, 어느새 옥스퍼드가 앞서는 식이다. 순위는 조사기관마다 또는 해마다 다르기 때문에 어느 대학이 더 좋은 대학인지 가리는 것은 헛된 시도다. 최근 영국 총리를 지낸 15명 중에 12명이 옥스퍼드를 졸업했다. 현 총리인 보리스 존슨과 이전 총리를 지낸 테레사 메이Theresa May, 데이비드 캐머런, 토니 블레어가 모두 옥스퍼드 출신이다. 20세기 영국 내각에 참여한 장관의 숫자로 보면 옥스퍼드 출신이 케임브리지 출신보다 두 배가 많다. 반면에 노벨상 수상자는 케임브리지가 90명으로 60명을 배출한 옥스퍼드에 크게 앞선다. 무엇보다 케임브리지 대학교는 아이작 뉴턴, 찰스 다윈, 존 케인스의 명성으로 빛이 난다.

옥스퍼드는 문과 계열이 강하고 케임브리지는 이과 계열이 강하다는 통념이 있다. 옥스퍼드 출신 중에는 정치인이 많고 케임브리지 출신 중에는 유명 과학자가 많기 때문이며, 전통적으로 케임브리지 수학과와 옥스퍼드의 PPE(철학, 정치학, 경제학 복수전공)가 유명하기 때문이다. 그렇다고 옥스퍼드가 이과 계열에 약하다거나 케임브리지가 문과 계열에 약한 것은 아니다. 마거릿 대처와 테레사 메이는 옥스퍼드에서 화학과 지리를 공부했고, 찰스 다윈은 케임브리지에서 인문학을 공부했다. 옥스퍼드는 의학과 자연과학도 강하고, 케임브리지는 역사와 경제학도 강하다. 두 대학 모두 옥스퍼드는 문과에 강하고, 케임브리지는 이과에 강하다는 사실을 인정하지 않는다.

영국인이라면 누구나 옥스브리지를 꿈꾸며 둘 중 어느 대학에 갈 것인지를 고민한다. 한국에서 스카이로 통하는 대학을 선망하는 것과 비슷하다. 학부는 옥스퍼드에서 공부하고 대학원은 케임브리지에서 공부할 수도 있다. 스티븐 호킹Stephen Hawking은 옥스퍼드에서 물리학을 공부했지만 박사 학위는 케임브리지에서 받았다.

옥스퍼드와 케임브리지에서는 어떤 전공을 공부했는지 못지않게 어떤 칼리지 출신인지도 중요하다. 영국식 칼리지를 한국식 단과대학이라고 이해하는 경우가 있지만, 그보다는 오히려 기숙사에 가깝다. 영국 대학은 3년 3학기로 총 9학기를 마친다. 교육 과정은 전공별로 진행되지만, 대학 생활의 대부분은 칼리지 별로 이뤄진다. 칼리지는 숙소이면서 스포츠 및 서클 활동을 같이 하는 단위며, 같이 예배하는 공동체다. 《해리 포터》에 나오는 호그와트 마법학교의 기숙사와 유사한 개념이다. 칼리지는 재정의 단위기도 하여 칼리지 별로 장학금이나 생활비가 지급된다. 옥스브리지를 졸업한 후에 사회에서 선후배를 만나면, 어느 칼리지를 나왔는지 물어본다. 같은 케임브리지 대학교라고 하더라도 트리니티Trinity 칼리지에서 수학을 전공한 것과 크라이스트Christ 칼리지에서 수학을 전공한 것은 칼리지 생활을 해본 사람 입장에서는 추억에 큰 차이가 있는 모양이다.

찰스 다윈은 스코틀랜드의 에든버러 대학교에서 의학을 공부하고 있었지만, 공부에 열의가 없었다. 실망한 아버지가 케임브리지에 보내 인문학을 공부하게 했다. 인문학 공부 후에 목사를 시킬 작정으로 크라이스트 칼리지에 보냈다. 하지만 다윈은 크라이스트 칼리지에서 만난 교수와 친구로부터 진화론의 영감을 얻었으니 이보다 더한 아이러니가 없다.

《종의 기원》과 찰스 다윈의 고민

〈박물관이 살아 있다〉라는 영화 속에서는 박물관이 닫히고 밤이 되면 박물관 안의 사람 모형과 박제된 동물들이 살아 움직인다. 이와 유사하게 〈미술관이 살아 있다〉라는 영화가 나온다고 해도 재미있을 것이다. 런던의 중심가인 트래펄가 광장 바로 앞에는 전 세계 미술관 중에서도 몇 손가락 안에 꼽히는 내셔널 갤러리가 있다. 이곳에는 13세기 중엽부터 19세기 말에 걸쳐 탄생한 약 2,300여 점의 명작이 전시되어 있다. 미술 애호가라면 한 점도 그냥 지나칠 수 없는 작품들로, 며칠을 두고 관람해도 시간이 부족하다.

그 옆에는 내셔널 포트레이트(초상화) 갤러리가 있는데, 내셔널 갤러리의 방대한 작품들을 감상하다 보면 지쳐서 옆에 있는 포트레이트 갤러리를 그냥 지나치기 십상이다. 초상화 19만 5,000점을 보유하고 있

는 내셔널 포트레이트 갤러리는 전시 공간이 턱없이 부족하다. 이 미술관에서 초상화가 벽면을 차지하고 있으려면 두 가지 조건이 충족되어야 한다. 인물의 역사적 의미가 깊어야 하며, 초상화 자체의 작품성이 좋아야 한다. 둘 중 하나라도 부족하면 바로 창고행이다. 창고에서 잠을 자게 되면, 〈미술관이 살아 있다〉는 영화가 만들어진다 하더라도 출연은 기대하기 어렵다.

내셔널 포트레이트 갤러리를 배경으로 〈미술관이 살아 있다〉를 찍는다면, 주인공은 논쟁의 여지없이 찰스 다윈이다. 그림 속 인물의 카리스마가 미술관 전체를 압도하고도 남는 위엄이 있다. 영화가 시작되면 미술관을 차지하고 있는 왕, 종교 지도자, 과학자가 모두 다윈에게 달려들 것이다. "네가 자연선택에 의한 진화론을 주장했어?", "네가《종의 기원》을 썼어?", "적자생존이 무슨 뜻이야?" 등등의 질문을 엘리자베스 1세, 존 웨슬리, 셰익스피어 그리고 뉴턴 등이 쏟아낼 것이다. 대답을 듣고 나서는 찰스 다윈을 질책하는 인물도 있을 것이다. 그런 면에서 찰스 다윈은 주인공이라는 명예에도 불구하고 영화가 달갑지 않을 것이다.

찰스 다윈은 부잣집에서 태어났다. 친할아버지인 에라스무스 다윈 Erasmus Darwin은 유명한 식물학자이자 철학자였다. 외할아버지인 조시아 웨지우드Josiah Wedgwood는 키친웨어로 유명한 웨지우드의 창업자다. 아내는 웨지우드의 친손녀이자 자신의 사촌인 에마 웨지우드Emma Wedgwood다. 덕분에 찰스 다윈은 평생 한 번도 돈 걱정을 하지 않고 연구에만 집중할 수 있었다. 조상 덕에 여유가 있었고 당당했을 것이다.

다만 미술관의 역사적 인물 앞에서도 당당할 수 있을지, 그리고 세상
전체와 맞설 때도 당당할 수 있을지는 의문이다.

언론 매체든 SNS든 글을 써서 발표할 때면 항상 사람들의 반응이 어
떨지 긴장되곤 한다. 첨예하게 의견이 대립하는 이슈에 대한 글을 쓴
후에는 예상되는 반론에 긴장감이 더욱 높다. 런던 시간으로 밤에 SNS
에 글을 올리고 아침에 일어났는데 많은 댓글이 달려 있으면 공격적 비
판이 두려워 인터넷을 열고 싶지 않을 때도 있다.

찰스 다윈은 1859년 11월 24일에 《종의 기원》 초판을 발행하고 불
안감과 긴장감을 느꼈을까? 다윈의 《종의 기원》 초판은 1,250부가 발
행되었는데 첫날에 모두 판매되었다. 뜨거운 관심 속에 발행된 《종의
기원》이 가져올 논쟁을 찰스 다윈은 어떠한 마음으로 준비했을까? 과
학계에서, 종교계에서, 학교에서, 가정에서, 길거리에서 일어날 반응에

찰스 다윈이 살던 집은 이제 다윈 박물관이 되었다.

마음은 얼마나 무거웠을까? 책을 출간하고 불안한 마음을 달래기 위해 정원에서 아이들과 공놀이를 했을지도 모른다.

런던에서 남쪽으로 30분 정도 차를 타고 가면, 갖가지 나무와 풀로 무성한 마을이 나타나고, 찰스 다윈의 집을 만나게 된다. "여기에서 찰스 다윈이 40년간 생각하고 일하다가 죽었다"라는 표지석이 있다. 찰스 다윈이 살았던 집이 지금은 다윈 박물관이 되었다. 건물의 절반은 담쟁이가, 절반은 등나무가 감싸고 있다. 건물 앞에는 온실이 있고, 넓고 넓은 정원과 들판이 있다. 정원에 핀 꽃을 보면서, 꿀벌이 앉기에 편한 꽃이 적자가 되어 생존했을 것이라는 아이디어를 얻었을 것이다.

런던에 온다면 박물관이 된 찰스 다윈의 집에서 웨지우드 찻잔에 홍차를 마셔보는 것을 추천한다. 다윈의 정원을 바라보며 그에게 감정이입을 하면, 우리가 쓰는 글의 무게가 느껴진다.

영국의 교육 과정과 명문 사립학교

찰스 다윈을 포함해 이 책에 등장하는 역사적 인물들은 대개 영국의 명문 사립학교 출신이다. 명문 사립학교는 수백 년의 전통을 가지고 있다.

영국 아이들은 만 5세에 학교에 입학한다. 여유가 있는 집은 만 4세부터 명문 사립학교 부설 유치원에 보낸다. 유치원을 졸업한 뒤 초등학교에 입학하지 않고, 같은 곳에서 초등학교 2학년까지 공부하기도 한다. 유치원과 초등학교 구분이 확실하지 않은 이유는 학제는 정해져 있지만, 몇 학년부터 몇 학년까지 가르칠 것인지는 개별 학교가 자율적으로 결정하기 때문이다. 1학년부터 6학년까지 공립학교를 다니고, 7학년부터 사립학교에 진학하는 학생이 많다.

명문 데이스쿨Day School은 7학년부터 13학년까지 있다. 11세에 입학하기에 입학시험을 11+라고 말한다. 웨스트민스터, 세인트폴, 시티오브런던 스쿨과 같은 곳이 대표적인 명문이다. 명문 기숙학교Boarding School는 9학년부터 13학년까지 있다. 13세에 입학하기 때문에 입학시험을 13+라고 말한다. 이튼 칼리지, 윈체스터 칼리지, 해로우 스쿨 같은 곳이 9학년부터 시작하는 기숙학교다. 11+와 13+ 시험을 전문적으로 준

비해주는 학교를 프렙스쿨preb school이라고 한다. 프렙스쿨을 다니면서 7학년에 데이스쿨에 합격해 진학하는 학생이 있고, 9학년에 기숙학교에 합격해 진학하는 학생이 있다.

데이스쿨이나 기숙학교에서 11학년을 마치면 고등학교 졸업 시험인 GCSE라는 것을 치르는데, 학생이 자신의 선택에 따라 과목을 정해서 8과목에서 12과목까지 시험을 본다. 11학년을 마치면 고등학교 학제가 종료한 것이다. 12학년과 13학년은 대학을 준비하는 과정이다. 희망 대학, 희망 학과에서 요구하는 과목 세 개 또는 네 개를 정해서 공부하는데, 이 과정을 A레벨A-Level이라고 한다. 의대를 가려고 하는 학생이라면 생물학과 화학을 포함해 세 과목 또는 네 과목을 공부한다. 11학년을 마치고 12학년부터 다른 학교에 갈 수도 있지만, 보통은 기존 학교에서 계속 공부한다.

12학년부터를 식스폼Sixth form 과정이라고 한다. 이 시기에 대부분의 학생이 16세가 되는데 이때부터 성인 대접을 받는다. 수업 시간 이외에는 학교 밖으로 언제든지 나갈 수 있으며, 교복을 입지 않고 정장을 입는다. 선생님은 학생을 대등한 어른으로 대해준다. 식스폼에서 공부한 후에는 GCSE와 A레벨 성적을 가지고 원하는 대학에 지원한다. 자기가 원하는 대학을 가지 못했다면 A레벨 시험에 재응시하기 위해 같은 학교에서 13학년을 다시 다닐 수도 있고, 혼자 공부해서 시험을 볼 수도 있다.

영어에 '최고 중의 하나one of the best'라는 표현이 있다. 처음에 이 표현을 접했을 때는 이상하다고 생각했다. 최고는 하나인데, 최고 중의 하나는 무슨 뜻일까? 영국의 사립학교 탐방을 하다 보면 많은 학교가 각각의 방식으로 최고라고 표현할 수 있다. 학교마다 특징과 장점이 있고, 추구하는 가치가 다르기 때문에 성적만으로 학교를 평가하는 것이 어렵다는 것을 알게 된다. 굳이 순위를 매기자면 옥스브리지에 진학한 학생 수로 순위를 정하기도 하고, A레벨 성적이나 GCSE 성적으로 순위를 매기기도 한다. 그렇게 했을 경우 순위가 크게 차이가 난다.

학비가 무료인 공립학교에 반해 사립학교의 학비는 지나치게 비싸다. 사립학교는 데이스쿨의 경우 학비가 1년에 3,000~4,000만 원이 들고, 기숙학교의 경우 5,000~7,000만 원 정도 든다. 1년 학비를 4,000만 원이라고 하고 학생 수를 1000명이라고 하면, 1년 학비 수입만 400억 원이 넘는다. 사립학교는 선배들의 기부금도 있고 학교 주변의 수익 부동산도 많아서 수입원이 다양하다. 사립학교와 공립학교의 재력 차이가 크기 때문에 교육의 질에도 차이가 있을 수밖에 없다. 명문 사립학교 선생님의 연봉은 대학 교수의 연봉 수준보다 높다. 이튼 칼리지의 경우 연봉이 10만 파운드(1억 5,000만 원)를 넘는 선생님의 수가 47명이나 된다.

그렇기에 사립학교와 공립학교는 동일 선상에서 경쟁하는 것이 아니다. 옥스브리지 입학생 중에 사립학교 졸업생 비율이 높은 것은 오랜 사회 문제 중의 하나였다. 영국 정부는 옥스브리지 입학생 중에서 공립학교 학생 출신을 늘리는 정책을 꾸준히 추진하고 있다. 옥스퍼드의 경우 2015년 공립학교 학생의 비율이 55.6퍼센트였는데 2020년에 68.7퍼센트로 증가했으며, 케임브리지의 경우에는 62.3퍼센트에서 70퍼센트로 증가했다.

이튼 칼리지의 학생 선발 방식

영국의 새 학년은 9월에 시작한다. 우리 집 둘째 아이는 8월 25일생이고, 셋째 아이는 9월 8일생이다. 둘째 아이가 1학년에 입학할 당시 나이는 5세 6일이었다. 동급생 중에 제일 어릴 수밖에 없었다. 같은 반 친구 중에는 5세 363일인 아이도 있었다. 둘째 아이는 늘 열악한 환경에서 경쟁한 셈이다. 셋째 아이가 학교에 입학할 때 나이는 5세 357일로, 형보다 351일이나 늦게 학교에 입학했다.

말콤 글래드웰Malcolm Gladwell의 베스트셀러 《아웃라이어》에는 캐나다 하키 선수 이야기가 나온다. 캐나다 국가 대표 하키 팀에는 생일이 1~3월인 선수가 압도적으로 많다. 그 이유는 어릴 적 선수를 선발할 때 같은 해에 태어난 아이들을 한 그룹으로 묶는데, 1~3월에 태어난 아이들이 상대적으로 체격 조건과 운동능력이 좋기 때문이다. 결과적으로 1~3월생에게 유리한 선발 기회가 주어진 셈이다. 열 살짜리 어린이에게 12개월은 10퍼센트 차이고, 다섯 살 어린이에게는 12개월 20퍼센트 차이다. 아이스하키의 마이클 조던이라고 할 수 있는 웨인 그레츠키Wayne Gretzky도 1월 26일생이다.

영국의 명문 기숙학교인 이튼 칼리지에 입학하기 위해서는 9세에 지원해 10세에 시험을 치른다. 그리고 13세에 입학한다. 지원생 간에 최대 364일 차이가 날 수 있어서 공정한 경쟁이 될 수가 없다. 이튼은 태어난 달을 기준으로 9~12월생을 한 그룹으로 하고, 1~4월생을 다른 그룹으로 하고, 5~8월생을 또 다른 그룹으로 해 각각의 그룹이 3분의 1씩 뽑히도록 선발한다. 2020년 시험에서 이튼에 여덟 명을 합격시킨 어느 프렙스쿨의 경우에 내신 성적이 좋았던 9월생은 떨어지고, 그들보다 성적이 좋지 못한 다음 해 6월생은 합격했다. 각각의 그룹은 시험 날짜도 다르다.

한국의 특목고는 다음 해 3월에 입학할 학생을 직전 해 12월에 선발한다. 입학시험과 입학의 시간차가 거의 없다. 입학 시점에 성적이 좋은 학생을 선발하는 것이 입학시험의 목표이기 때문이다.

이튼은 현재 성적과 함께 잠재력을 평가하려고 노력한다. 더럼Durham 대학교 연구팀과 함께 잠재력 평가법을 꾸준히 개발해 입학 사정에 반영한다. 장애 아동을 선발하는 방식도 별도로 있다. 출생일을 고려하는 것 이외에도 가정 형편상 사립학교를 다니지 못한 학생에게 가산점을 주는 제도도 있다. 합격한 저소득층 학생에게는 이튼 칼리지에 입학할 때까지 좋은 사립학교에서 공부할 수 있도록 주선하고, 학비도 내준다. 어쩌면 이것이 13세에 입학하는 아이들을 10세에 뽑는 주된 이유일지도 모른다.

입학시험이 완벽하게 공정할 수는 없다. 이튼 칼리지 입학 제도 아래서도 12월생이나 4월생은 상대적으로 손해를 본다. 그러나 합리적으로 공정을 추구하는 것은 가치가 있다.

스카우트의 정신은 옷에 있지 않다

1980년대 우리나라 시골 초등학교에서는 다들 스카우트가 되려고 했다. 하지만 되고 싶다고 다 될 수는 없었다. 비싼 유니폼을 살 수 있는 경제력이 스카우트가 되기 위한 전제 조건이었기 때문이다. 땅이 많은 집이나 아버지가 공무원이나 회사원이어서 고정 월급이 있는 집의 아이들에게나 가능한 것이었다. 우리는 넉넉한 집은 아니었지만, 보이스카우트가 되고 싶다는 나의 말에 부모님은 조금의 망설임도 없이 허락해주셨다. 남색 유니폼을 입었고, 스카프를 둘둘 말아 목에 걸었고, 밧줄을 허리춤에 찼고, 매듭 묶기를 했고, 응급 처치법을 배웠다. 유니폼이 아주 비싸서 어머니에게 미안했던 기억이 난다.

1907년 영국의 브라운시 아일랜드Brownsea Island에서 로버트 베이든파월Robert Baden-Powell의 지도하에 20명의 남자아이들이 캠핑한 것이 스카우트의 시작이다. 이후 2년 만에 영국에서만 10만 명의 보이스카우트가 생겼고, 대영제국의 틀 속에서 빠르게 세계로 퍼져나갔다. 1909년에 미국의 사업가인 윌리엄 보이스William Boyce가 런던의 안개 속에서 길을 잃었는데, 어린아이가 다가와 그를 호텔까지 안내해주었다. 윌리엄은 지갑을 꺼내 그에게 돈을 주려고 했다. 아이는 어떠한 금전적 대가도 사양하면서 "스카우트로서 마땅히 해야 할 일을 한 것뿐입니다"라는 말을 남기고, 짙은 안개 속으로 사라졌다. 이에 깊은 감명을 받은 보이스가 미국으로 가서 미국 보이스카우트를 만들었다. 현재는 216개국에 3,000만 명의 스카우트가 존재한다.

둘째 아이가 금요일 저녁마다 스카우트 활동을 한다. 요리, 칼 다루기, 캠핑, 지도 읽기, 길 찾기 등을 하는데 재미있다고 빠지지 않는다. 처음에는 유니폼도 없이 스카우트 활동을 하는 것을 보니 옷이 중요하다고는 생각하지 않는 모양이다. 내 스카우트 기억은 유니폼이 전부였는데 말이다. 3개월이 지나서야 유니폼을 입고 행사를 하는데, 유니폼이 남색 바지에 국방색 셔츠가 전부다. 스카프나 벨트는 해도 그만 안 해도 그만이다. 모든 유니폼을 다 갖추어도 40파운드(6만 원)를 넘지 않는다.

"스카우트에서 뭘 강조하니?"

"친절하라! 항상 다른 사람을 도우라! 언제나 도울 준비가 되어 있으라!"

어머니에게 미안할 정도로 옷은 비싸게 샀는데, 스카우트 정신은 아들에게 처음 듣는 것처럼 생소하다. 친절하라는 것을 배우면서, 다른 사람을 도우라는 것을 배우면서, 도와주기 위해 언제나 준비가 되어 있으라는 것을 배우면서도 흥미를 잃지 않는다. 스카우트 교육이 진정한 참교육이다.

생활체육으로서의 축구, 럭비, 크리켓

영국 학교의 스포츠에 대한 열정은 대단하다. 야외 체육 활동은 비가 오거나 눈이 오거나 진행되며, 웬만큼 궂은 날씨가 아닌 이상 취소되

지 않는다. 서너 과목만 집중하는 식스폼 과정에서도 체육은 비중 있
게 다뤄진다. 운동장이 없는 시내 작은 학교의 경우에는 인근 공원이
나 공동 체육시설을 활용한다. 사립학교의 경우 잔디가 잘 관리된 축
구장이나 럭비장을 여러 개 보유하고 있다.

학교마다 중요시하는 운동이 다르다. 어느 학교는 럭비를, 어느 학교
는 축구를, 어느 학교는 크리켓을, 어느 학교는 하키를 중요시하지만
그렇다고 한 종목에만 집중하지는 않는다. 여러 종목을 골고루 잘하는
팔방미인을 양성하는 것을 목표로 삼는다. 런던 남쪽에 위치한 덜위치
칼리지Dulwich College의 경우는 가을 학기에는 럭비를, 봄 학기에는 축
구를, 여름 학기에는 크리켓을 가르친다. 가장 중시하는 운동이 럭비
고, 다음으로 크리켓, 그다음이 축구다. 덜위치 칼리지의 경우 잘 가꾼
천연잔디 럭비 경기장을 24면이나 보유하고 있다. 탁구대 24대가 아니
고, 테니스 코트 24개가 아닌 럭비 경기장 24면이다. 48개 팀이 동시
에 게임을 벌일 수 있는 어마어마한 규모다.

한 학년에만 레벨에 따라 최상위 A팀에서 최하위 H팀까지 여덟 개
의 팀이 있다. 럭비장이 24개나 있기에 세 개 학년의 24개 팀이 다른
학교 24개 팀과 동시에 시합을 벌일 수 있다.

시합은 비가 오나 눈이 오나 개최된다. D팀의 선수가 C팀에 가면 과
격성에 혀를 내두른다고 하니 학교 럭비가 결코 시간 때우기 체육이 아
니다. D팀 선수가 강등되어 E팀으로 가게 될 때의 실망감 또한 이만저
만이 아니다. 그렇게 아이들은 럭비를 통해 그들이 나아가 번영을 누
릴 세상에 적응하게 된다. 럭비를 통해 강인함, 저돌성, 팀플레이, 헌신

덜위치 칼리지는 24면의 럭비 경기장을 보유하고 있다.

탁구대도, 농구 코트나 테니스 코트도 아닌 무려 럭비 경기장이 24면이다.

그리고 야수성의 발현과 통제control brutality를 배우게 된다. 마키아벨리 Niccolò Machiavelli가 《군주론》에서 이야기하는 남자다움의 모든 요소가 녹아 있는 스포츠가 럭비다.

크리켓은 신사의 스포츠라는 면에서 신사의 나라라는 칭호를 가진 영국과 잘 어울린다. 크리켓에는 속임수가 없기에 심판이 필요 없다고 말할 정도다. 타석에서 자신이 아웃이라고 생각하는 선수는 심판의 아웃콜을 기다리지 않고 스스로 타석에서 물러난다. 크리켓 용어가 삶에 대한 비유metaphor로 사용되기도 한다. '그것은 공정하지 않은데!'라는 표현을 "그것은 크리켓이 아니야! That is not cricket"라고 말한다. '오래 살았다'는 표현을 "좋은 이닝을 가졌다had a good innings"라고 말한다. 규칙이 복잡한 데다가, 한 선수가 타석에서 혼자 300점을 내는 경우도 있어서 사람에 따라 지루하다는 생각을 가질 수도 있지만 영국인은 크리켓에 열광한다.

1500년대 중반 영국의 남동부 지역에서 시작된 크리켓은 대영제국 하에서 세계로 뻗어나갔다. 1844년부터 국가 간 대항전이 시작되었다. 크리켓 강국 중에 인도가 있다. 인도는 13억 인구 중에 절반 이상이 크리켓을 정기적으로 시청한다. 남성 시청자가 52퍼센트, 여성 시청자가 48퍼센트다. 호주는 인구의 30퍼센트가 크리켓을 정기적으로 시청하며, 남성 시청자가 63퍼센트, 여성 시청자가 37퍼센트다. 전 세계 스포츠 중에 축구 다음으로 시청자가 많은 스포츠가 크리켓이며, 여성 시청자 비율이 높은 것도 크리켓의 특징 중 하나다.

오늘날에는 모든 계층이 축구를 좋아하지만, 축구는 영국에서 여전히 고급스럽지 못한 이미지가 남아 있다. 1992년에 프리미어 리그EPL가 시작되기 전까지만 해도 중산층 이상은 축구장에 잘 가지 않았다고 한다. 거칠고 폭력적인 요소가 많았기 때문이다. 운동 자체는 럭비가 축구보다 과격하지만, 럭비에는 승복의 정신이 깊이 배어 있다. 럭비 선수들은 시합 중에 심판의 판정에 항의하는 법이 없다. 영국에서는 럭비가 축구보다 고급 스포츠이며, 크리켓이 가장 고급스러운 이미지를 가지고 있다. 영국 학생이 즐기는 스포츠 중에 유니폼과 장비 가격이 가장 비싼 스포츠도 크리켓이다.

여학생은 간혹 축구를 하지만 럭비와 크리켓은 거의 하지 않는다. 대신에 필드하키, 농구와 비슷한 네트볼Netball, 야구와 비슷한 라운더스Rounders를 주로 한다.

UNITED KINGDOM

8장

스포츠와 게임, 영국인의 발명품

골프에 담긴 스코틀랜드와 영국의 갈등

스포츠는 자주 전쟁과 교차한다. 현대에 전쟁이 이전보다 적은 것은 스포츠의 발전 때문일지도 모른다. 스포츠는 전쟁의 새로운 버전인데, 대표적인 것이 럭비와 축구다. 이 책을 쓰는 데에 많은 도움을 준 영국인 친구 데이비드 딘David Dean은 테레사 메이와 옥스퍼드 대학교 동기다. 그는 축구를 좋아하지 않고, 럭비를 좋아한다. 그럼에도 2018년 월드컵에서 손흥민이 전력 질주해 독일의 빈 골대에 공을 차 넣는 장면을 심심할 때마다 찾아본다. 그는 독일 선수들의 망연자실한 모습이 볼 때마다 통쾌함을 느낀다. 손흥민이 영국에서 사랑받는 이유가 다 있다.

데이비드 딘과 스코틀랜드의 세인트앤드루스St Andrews에서 골프를

세인트앤드루스 올드코스 전경

쳤다. 골프의 고향, 골프가 시작된 곳에서 골프를 치는 감회는 특별했
다. 1300년대 스코틀랜드 세인트앤드루스 지역에서 골프가 시작되었
다. 목동들이 지팡이로 솔방울을 치면서 시작된 골프가 1400년대 초에
스포츠로 정착했다. 하지만 1457년에는 스코틀랜드 제임스 2세James II
에 의해 골프가 법으로 금지되기도 했다. 당시 스코틀랜드는 매일같이
잉글랜드와 싸우고 있었는데, 전쟁 준비를 위해 활쏘기와 창검술을 익
혀야 할 젊은이들이 시도 때도 없이 들판에서 골프공을 치고 있으니 이
모습을 본 왕이 오죽 답답했을까. 일은 안 하고 골프만 치는 남편을 바
라보는 아내의 심정만큼 답답했을 것이다.

1502년에 스코틀랜드 왕 제임스 4세James IV와 잉글랜드 왕 헨리 7세

Henry VII가 평화 협정을 맺었다. 평화의 징표로 제임스 4세와 마거릿 튜더(헨리 7세의 큰딸이자, 헨리 8세의 누나)가 결혼했고, 이와 함께 금지되었던 골프가 다시 허용되었다. 이 결혼은 골프 역사와 영국 역사에서 큰 의미를 가진다. 영국 전성기를 이끈 엘리자베스 1세(헨리 8세의 딸)가 후세가 없이 죽자, 잉글랜드는 1603년에 마거릿 튜더의 손자인 스코틀랜드 왕을 데려와 영국 왕으로 앉힌다. 스코틀랜드 기준으로 제임스 6세, 영국 기준으로 제임스 1세다.

스코틀랜드 왕이 잉글랜드 왕을 겸하게 되면서 영국과 스코틀랜드의 통합이 무혈로 달성되었다. 1502년에 잉글랜드와 스코틀랜드의 평화협정이 있었지만, 이후에도 반목과 갈등은 여전했다. 그러다가 100년이 지난 뒤인 1603년에서야 비로소 한 나라가 되었고, 평화가 찾아왔다. 아마도 이때부터는 눈치 보지 않고 골프를 칠 수 있었을 것이다. 골프 금지를 해제한 제임스 4세는 골프를 즐긴 최초의 왕이며, 제임스 4세의 손녀 메리 여왕은 최초로 골프를 즐긴 여성이었다. 이들은 모두 세인트앤드루스에서 골프를 즐겼다.

세인트앤드루스 올드코스Old Course는 골프를 좋아하는 사람에게 성지와 같은 곳이다. 영국인은 올드코스를 성배Holy Grail라고 부른다. 세인트앤드루스는 퍼블릭 골프장으로 누구나 골프를 칠 수 있다. 치고 싶어 하는 사람이 너무 많아서 플레이어를 추첨으로 결정한다. 사흘 전에 신청을 받아 이틀 전에 플레이어가 결정된다. 당첨된 사람은 자신의 핸디캡을 증명할 수 있는 증서를 가져와야 한다. 골프의 고향에 오려면, 골퍼라는 증명서 정도는 가져와야 한다는 의미일까?

세인트앤드루스 올드코스의 항아리 벙커

퍼블릭이지만 회원도 있다. 1년에 1,000파운드(약 150만 원)로 일곱 개 링크스Links 골프 코스를 추가 비용 없이 즐길 수 있다. 학생의 경우 250파운드로 1년 내내 이용할 수 있다. 올드코스는 회원도 비회원처럼 추첨 신청을 해야 하지만, 당첨 확률이 높고 좋은 시간대에 배정이 된다. 골프 코스는 동네 구청 소유다. 골프장이라기보다 동네 공원에 가까워서 주민들이 자유자재로 골프 코스를 가로질러 해변에 가고, 자전거를 타고 페어웨이를 가로지르기도 한다. 일요일에는 골프가 중단되어 온전한 동네 공원이 된다.

러프는 자연 상태를 그대로 살려 놓았기 때문에 계절과 상황에 따라 상태가 제각각이다. 깊은 러프에 빠질 경우 공을 찾기 어렵고, 찾아도 탈출이 불가능한 러프가 많다. 세인트앤드루스 코스의 상징은 깊은 항아리 모양의 벙커다. 강한 바닷바람이 벙커 모래를 쓸어가기 때문에 수직으로 깊게 파지 않으면 유지가 안 된다. 항아리처럼 만들어도 모래가 날아가 자주 채워 넣어야 한다. 벙커와 모래는 자연 그대로라서 생각처럼 멋지거나 낭만적이지는 않다. 벙커 턱에 걸리면 3~4타 만에 나오는 것이 보통이다. 한 해에 US 오픈, US 아마추어 오픈, 브리티시 오픈, 브리티시 아마추어 오픈을 모두 석권한 기록의 소유자 바비 존스 Bobby Jones가 11번 홀에서 네 번 만에 벙커에서 탈출하고는 대회를 포기하고 집으로 가버린 적도 있다.

"학생들에게 거의 공짜나 다름없이 골프장을 제공하면 세인트앤드루스에서 유명 골퍼가 많이 나왔겠네요"라는 나의 질문에 함께 걷던 캐디는 이렇게 답했다. "링크스Links 골프와 인랜드In Land 골프는 완전히 다른 종류의 스포츠예요. 링크스 골프장에서 어린 시절을 보낸 골퍼가 인랜드 골프 중심인 PGA나 LPGA에서 좋은 성적을 내기는 어렵죠."

링크스 코스란 골프가 시작된 스코틀랜드 해안의 특성을 가진 코스를 말한다. 해안을 끼고 있어야 하고, 모래 언덕으로 페어웨이가 울퉁불퉁해야 한다. 해안으로 흐르는 실개천이 있을 수 있지만, 바다 이외의 워터 해저드는 없다. 벙커에는 바다모래가 있어야 하며, 나무는 없거나 매우 드물다. 전통을 고집하는 일부 링크스 골프장은 풀이 길면, 말과 양이 풀을 뜯어먹는다. 말과 양만으로도 잘 깎인 페어웨이 같은 효과를 낼 수 있기에 코스 관리를 위해 기계를 일절 사용하지 않으며, 그린의 구멍을 뚫을 때도 자를 사용하지 않아서 홀마다 구멍의 크기가 다르다. 물론 브리티시 오픈을 개최하는 링크스 골프 코스는 홀의 구멍이 일정하다.

　세인트앤드루스는 역사와 자연, 도시와 사람이 함께하는 골프장이다. 보비 존스는 "자신의 인생에서 모든 것을 빼앗겨도 세인트앤드루스 올드코스에서의 경험만은 빼앗기고 싶지 않다"라고 말했다.

　데이비드 딘은 옥스퍼드 출신답게 기억력이 좋다. 삶에서 의미 있는 골프는 장소와 날짜를 정확히 기억한다. 언제 어떤 골프채를 샀는지도 기억한다. 제임스 4세가 어떤 골프채를 썼는지도 알고 있다. 난 첫 라운딩의 순간과 첫 홀인원의 순간을 기억하지만, 다른 많은 순간을 기억하지 못한다. 그러나 올드코스에서의 골프 순간만큼은 오랫동안 잊지 못할 것이다.

브리티시 오픈과 영국의 여름 스포츠

여름 두 달을 영국에서 보낸다면, 세계적인 스포츠 경기를 마음껏 즐길 수 있다. 6월 셋째 주에는 로열 에스콧Royal Ascot 경마를, 6월 넷째 주와 7월 첫째 주에는 윔블던 챔피언십The Championship 테니스 대회를, 7월 둘째 주에는 브리티시 그랑프리British Grand Prix 자동차 경주를, 7월 셋째 주에는 브리티시 오픈 골프 대회를, 8월 첫째 주에는 여자 브리티시 오픈Women's British Open 대회를 즐길 수 있다. 스포츠 행사는 아니지만 7월 초에 LGBT(레즈비언, 게이, 바이섹슈얼, 트랜스젠더) 행사인 런던 프라이드Pride in London가 열리고, 8월 초에는 브라이튼 프라이드가 열린다. 7월 셋째 주에는 8주간 열리는 세계 최대의 클래식 축제인 BBC 프롬이 시작되며, 8월 한 달간 에든버러에서는 에든버러 페스티벌이 개최된다.

로열 에스콧에 30만 명이 모이고, 윔블던에 50만 명, BBC 프롬에 30만 명이 모인다. 런던 프라이드에 150만 명이 모이며, 브라이튼 프라이드에도 50만 명이 모인다. 인구가 29만 명인 브라이튼의 여름 경기를 프라이드 행사가 부양한다고 해도 과언이 아니다. 인구 50만 명인 에든버러에는 인구의 다섯 배인 250만 명이 에든버러 페스티벌에 참여한다. 영국의 여름 경기는 스포츠 팬, 음악 팬, LGBT 지지자가 부양한다.

위 행사 중 역사가 가장 오래된 것은 브리티시 오픈 골프 대회다. 최초의 브리티시 오픈 골프는 1860년 스코틀랜드 서해안에 있는 프레스트윅 골프 클럽Prestwick Golf Club에서 개최되었다. 세계 최초의 골프 대회였으며 우승자에게 25파운드 가치의 챔피언 벨트를 줬다. 1863년부터는 상금이 도입되었는데, 우승자에게는 벨트를 나머지 참가자에게는 총상금 10파운드를 배분해주었다. 참고로 브리티시 오픈 골프 대회는 항상 링크스Links 골프 코스에서만 개최된다.

여자 브리티시 오픈은 역사가 길지 않다. 1976년에 시작되었는데, 대회 초기에는 좋은 골프장을 섭외하는 것이 어려웠다. 링크스 코스를 고집할 수 있는 상황이 아니었기에 톱클래스가 아닌 2급 골프장에서 대회를 개최했다. 여자 브리티시 오픈이 골프의 고향인 세인트앤드루스 올드코스에서 개최된 것은 2007년이 처음이었다. 남자 대회는 5년에 한 번은 반드시 세인트앤드루스 올드코스에서 진행해야 하지만, 여자 대회는 숲과 워터 해저드가 있는 내륙 골프장에서 진행될 때가 많다.

워블던 테니스의 경우 남녀 대회가 동일한 조건에서 진행되며 상금도 동일하다. 차이를 두려는 시도는 남녀 차별 반대 정서에 막혀 무산되었다. 하지만 골프는 남녀 대회의 차이가 크다. 우승 상금은 세 배 이상 차이가 나며, 입장권 가격은 30배 이상 차이가 난다. 브리티시 오픈의 모든 일정을 관람하고, 식사와 음료수를 제공받는 티켓 중에 1,200만 원에 달하는 것도 있다. 이 티켓은 티켓 판매가 개시되면 가장 먼저 매진된다. 상대적으로 인기가 적은 여자 브리티시 오픈은 표를 구하기가 쉽고, 번잡하지 않아서 관람객으로 골프를 즐기기에 좋다. 우리나라 전인지 선수는 영국 아저씨로 구성된 팬클럽도 있다.

런던 여름 스포츠의 꽃, 윔블던 테니스

영국인의 테니스 사랑은 유별나다. 런던 시내 곳곳에는 많은 테니스장이 있다. 있을 것 같지 않은 곳에도 신기하게 테니스 코트가 있고 어디서나 테니스 라켓을 들고 다니는 사람을 볼 수 있다. 그리고 그들은 여름에는 윔블던을 방문한다. 윔블던은 런던에서 가장 살기 좋은 지역 중한 곳이다. 좋은 학교와 공원이 있고, 시내 접근성이 뛰어나고, 좋은 골프장과 테니스장이 많다. 유럽 내 유일한 한인타운인 뉴몰든New Malden도 윔블던과 인접해 있다. 브리티시 오픈 골프 대회의 정식 명칭은 '디 오픈The Open'이다. 윔블던 테니스 대회의 정식 명칭은 '더 챔피언십The

Championship'이다. 몇몇 다른 대회들과 함께 메이저 대회나 그랜드슬램이라는 표현을 쓰지만, 게임을 만들었던 영국인에게는 바로 이 대회뿐이다.

윔블던 테니스 경기를 보기 위해서는 6개월 전에 입장권을 예매해야 한다. 신청자가 많기 때문에 추첨을 통해 입장권이 배정된다. 전체 표의 절반이 사전에 배정되며, 절반은 당일 현장에서 판매한다. 당일표를 위해서는 전날 또는 이틀 전부터 텐트를 치고 야영을 하는데, 이것이 큰 즐거움 중 하나다. 2019년 여름, 우리 가족은 그 즐거움을 직접 경험했다. 〈윔블던 줄서기 가이드북〉에는 '텐트는 2인용까지만 허용되며, 새벽 6시가 되면 텐트를 철거해야 한다'고 되어 있기에 조그마한 텐트를 하나 가지고 야영하러 갔다. 우리는 화요일 표를 구하기 위해 월요일 저녁 8시에 윔블던 파크에 도착했다. 이미 300여 개의 텐트가 우리 앞에 있었다. 대기자는 커다란 텐트, 야외 테이블, 이불 등을 잔뜩 준비해왔다. "우리 앞에 텐트가 많은데, 내일 센터코트에 들어갈 수 있을까요?" "현재 611, 612, 613번인데 충분합니다. 앞줄의 사람들은 대부분 내일 표가 아니라 모레 표를 구하기 위해 텐트를 치고 있습니다. 우리는 밤새 여기에 있으니, 뭐든지 도움이 필요하면 이야기하세요." 윔블던 파크의 대기줄을 관리하는 봉사자들은 친절했고, 텐트 치는 것을 도와주기도 했다.

우리가 조그마한 텐트에 웅크리고 있으니, 청년 두 명이 침낭과 텐트를 가지고 지나가면서 "혹시 텐트가 필요한가요?" 하고 물었다. 우리는 텐트 파는 사람인 줄 알고 그들을 경계했다. "필요 없어요! 그런데

웜블던 시즌이 되면 웜블던 파크 일대에는 표를 구하기 위해 야영하는 사람들로 북적인다.

얼마인가요?" "파는 것은 아니고, 필요하면 주려고요. 우리는 어제 텐
트를 치고 잤고, 오늘 경기를 관람하고 갑니다. 더 이상 필요하지 않아
서 다른 사람에게 주려고요."

　그렇게 멋쩍게 텐트를 공짜로 받았다. 웜블던 경기의 표를 사기 위
한 야영은 웜블던 파크에서 진행되는데 친절과 배려가 있어서 좋다. 줄
은 잘 관리되어 새치기 여지는 없고, 낮에는 같이 줄 선 사람들끼리 운
동도 하고, 음식을 나누기도 한다. 웜블던 파크와 테니스 코트 사이에
는 골프장이 있는데, 골프장 페어웨이는 대회 기간 동안 관람객 주차
장으로 사용된다. 테니스 대회를 위해 골프장 페어웨이를 주차장으로
사용하는 것을 우리나라 골프 애호가는 이해하기 힘들 것이다.

　공원에서 야영을 한 덕분에 센터코트에 들어가는 표를 130파운드에

살 수 있었다. 당시 여자 8강전의 재판매 표가 700파운드 정도였으니 줄서기를 통해 한 장에 570파운드를 절약한 셈이다. 다음 날 있는 남자 8강전의 표는 1,400파운드로 여자 경기보다 두 배 비쌌다. 재판매 표 중에 제일 비싼 것은 토요일에 있는 남자 준결승 티켓으로 3,500파운드였다. 일요일 결승전 티켓은 2,500파운드였다. 준결승 티켓이 결승 티켓보다 비싼 경기가 세상에 또 있을까? 준결승 티켓으로는 두 경기를 볼 수 있고, 결승 티켓으로는 한 경기만 볼 수 있어서 그렇다고 하기에는 여자부 경기는 결승 티켓이 준결승 티켓보다 비쌌다. 남자 준결승에서는 조코비치Novak Djokovic, 나달Rafael Nadal, 페더러Roger Federer 가 뛰는 것을 모두 볼 수 있지만, 결승 티켓으로는 그중 두 명만 볼 수 있기 때문이다.

지난 20년간 남자 테니스는 놀라운 인기를 누렸다. 스위스의 페더러, 스페인의 나달, 세르비아의 조코비치, 영국의 머리Andy Murray가 재미난 대결 구도를 형성했다. 21세기 테니스를 대표하는 선수인 로저 페더러는 전 세계 모든 스포츠 선수 중에 연수입이 가장 많은 선수가 되었다.

수년간 지속돼온 페더러와 나달의 양강 구도를 깨고 조코비치가 등장했을 때, 테니스 팬들은 그를 달갑게 생각하지 않았다. 미국, 영국, 독일, 스위스, 프랑스, 스페인 그리고 북유럽이 주도하고 있던 테니스계에 변방인 세르비아 선수가 나타났기 때문이다. 처음 페더러를 누르고 우승한 순간 조코비치의 어머니는 "이제 페더러의 시대가 가고 조코비치의 시대가 왔다"라고 말했다. 테니스 팬들은 그 말에는 테니스에 어울리는 격조가 없다고 생각했다. 테니스에 어울리기 위해서는 이렇게 말했어야 했다. "우리의 영웅이었던 페더러를 이기고 우승한 것을 더 없는 영광으로 생각한다. 페더러와 같이 경쟁하면서 테니스가 더 많은 사랑을 받는 게임이 되도록 노력하겠다."

그 후 조코비치는 네 개 메이저 대회를 연속으로 우승한 선수가 되었고, ATP1000 시리즈 대회를 가장 많이 우승한 선수가 되었고, 한 해 가장 높은 승률을 기록한 선수가 되었고, 테니스 역사상 가장 많은 누적 상금을 획득한 선수가 되었고, 최장기간 랭킹 1위를 유지한 선수가 되었지만, 여전히 인기도와 광고 수입에서는 페더러에게 밀리고 있다. 영국인들은 페더러의 차분하고 온화한 이미지가 젠틀맨 이미지와 잘 맞는다고 생각하는 반면에, 조코비치의 전투적인 자세는 테니스의 격조와 거리가 있다고 느낀다.

지인 중 한 명은 좋은 대학을 나왔고, 좋은 직장을 다니고 있고, 스포츠광이지만 테니스에는 관심을 두지 않는다. 그 이유를 물으니 돌아온 답이 놀라웠다. "그건 귀족 스포츠잖아!" 농담 섞인 대답이지만, 영국 사회의 특징을 잘 함축하고 있는 말이기도 하다.

영국인의 게임, 축구에 대하여

여름 스포츠가 끝날 무렵에 시작되는 것이 프리미어리그다. 축구 리그가 만들어진 초창기를 그린 〈잉글리시 게임The English Game〉이라는 텔레비전 드라마가 있다. 19세기 후반 축구를 전업으로 하는 프로선수가 나타나고, 프로선수의 이적료가 등장하고, 선수 의사와 무관하게 트레이드가 진행되는 과정이 나온다. 축구가 노동자 계급에 위안을 주는 과정이 잘 그려졌고, 축구의 발전을 위해 주도권을 노동자 계급에 넘기는 영국 귀족의 고뇌가 잘 담겼다. 축구는 영국의 사립학교가 만들어낸 게임이지만 룰이 만들어진 후에는 빠르게 노동자 계급의 운동으로 변모해나갔고, 해외로 전파되어 세계에서 가장 많은 팬을 가진 스포츠가 되었다. 공 하나만 있으면 어디서나 즐길 수 있는 축구는 특별한 신발이나 장비가 필요하지 않았다. 이 점에서 테니스, 크리켓, 럭비, 골프 등과 차이가 난다.

맨체스터와 리버풀 일대에는 유명한 축구 클럽이 많다. 맨체스터 유나이티드, 맨체스터 시티, 리버풀, 에버턴, 블랙번을 비롯해 조원희 선수가 뛰었던 위건, 이청룡 선수가 활약했던 볼턴, 허더스필드 등이 모두 주변에 인접해 있다.

박지성 선수가 맨체스터 유나이티드에서 활약할 무렵 맨체스터 시티가 새롭게 강호로 떠오르고 있었다. 그래도 맨유의 감독과 선수들은 맨체스터 더비보다 리버풀을 이기는 것이 더 중요하다고 생각했다. 왜 맨체스터 선수들은 리버풀을 꺾어야 했을까? 맨체스터와 리버풀은 산업혁명 중심지로 18~19세기에 노동자가 밀집해 살던 곳이다. 맨체스터에는 방직 산업이 발달했다. 카를 마르크스를 후원한 프리드리히 엥겔스의 아버지도 맨체스터에서 방직 공장을 운영하고 있었다. 맨체스터에서 제작된 방직 제품들은 기차를 통해 운송되어 리버풀로 이동해 리버풀 항구에서 세계로 수출되었다. 56킬로미터밖에 떨어져 있지 않은 맨체스터와 리버풀은 같이 발전하는 도시였다. 세계 최초로 증기철도가 놓인 구간도 맨체스터와 리버풀 구간이다.

유럽 내 산업혁명 후발국이 추격해오면서 맨체스터 공장의 마진이 박해지기 시작했고, 노동자의 삶의 질은 각박해졌다. 맨체스터는 리버풀에 지불하는 항구 사용료를 절감하기 위해 1885년에 운하를 파서 맨체스터를 바다로 연결시킬 계획을 세웠다. 그러나 운하가 생기면 리버풀 항구의 가치가 하락하기 때문에 리버풀은 운하 계획을 목숨 걸고 좌절시켜야 했다. 이전까지 운명 공동체였던 두 도시가 서로 다른 길을 가게 되었다. 브렉시트 후의 영국과 유럽처럼, 서로 잘되는 꼴을 볼 수 없는 사이가 되었다.

맨체스터 운하가 착공된 해가 1887년, 완공되어 개통된 해가 1894년이다. 맨체스터 유나이티드의 모태가 된 축구팀이 창단된 해가 1878년, 리버풀 FC가 창단된 해가 1892년이다. 운하를 놓고 두 도시의 싸움이 시작되었을 무렵에 프로 팀이 결성되었고, 축구 리그가 생겼다. 그래서 맨체스터와 리버풀 팀은 리그 초창기부터 사생결단으로 축구를 했다. 치열한 경쟁을 통해 두 팀은 영국을 대표하는 구단이 되었다.

손흥민과 토트넘 홋스퍼 스타디움

"천국에서는 영국인이 경찰을 하고, 프랑스인이 요리를 하며, 독일인이 차를 고친다. 그리고 지옥에서는 독일인이 경찰을 하고, 영국인이 요리를 하며, 프랑스인이 차를 고친다"는 농담이 있다. 이 농담에서 "영국인이 경찰을 한다"는 부분을 눈여겨볼 필요가 있다. 영국 경찰은 배려심 있고 친절해 눈살을 찌푸리게 하는 법이 없다. 런던 거리에서 경찰을 보면 봉사하는 공권력이 무엇인지 알 수 있다. 나에게는 런던 거리의 상징이 빨간 이층버스나 검은 블랙캡이 아니고, 형광색 옷을 입은 경찰이다.

런던 북부 토트넘 지역에서 1985년과 2011년에 시민과 경찰이 충돌했다. 경찰의 총격으로 주민이 사망한 것은 영국에서는 드문 일이었으며, 그에 폭동으로 대응하는 것은 더욱 이례적인 일이었다. 개인의 삶에 관여하는 것을 꺼리는 영국 경찰에게는 씻을 수 없는 오명을 남긴 충격적인 사건이었다.

당시 토트넘은 런던에서 가장 가난한 지역 중 한 곳으로 실업률도 가장 높았다. 백인 영국인 거주 비율이 20퍼센트에 불과하며, 아프리카와 카리브해 지역 출신들이 많이 살고 있었기에 우범 지역 이미지를 가지고 있었다. 폭동 이후 "토트넘 근처에는 얼씬거리지도 마라"라는 말이 돌았다. 그 토트넘 지역 한가운데 토트넘 홋스퍼 축구장이 있다. 토트넘 홋스퍼는 1조 5,000억 원을 들여 2019년에 새로운 축구장을 건립했다. 인근 지하철역인 세븐 시스터스Seven Sisters 역에서 축구장까지 걸어가다 보면, 낙후한 지역 분위기와 대비되는 모던한 축구 경기장을 만나게 된다. 건물의 색과 외관은 주변과 잘 어울리며, 내부는 호텔 수준의 인테리어를 갖추고 있다. 레스토랑, 바, 가게, 공연장, 화장실 등이 물 흐르듯 자연스럽게 배치되어 있다.

손흥민 선수가 속해 있는 **토트넘 홋스퍼** 구단의 새로운 경기장

　토트넘의 대니얼 레비Daniel Levy 회장은 '지역과 함께 발전하는 홋스퍼'로 축구단 발전 발향을 제시했다. 그는 어릴 적부터 축구를 좋아했고, 토트넘의 팬이었다. 2000년에 토트넘의 최대 주주가 되었는데, 당시 7,000만 파운드였던 토트넘 홋스퍼의 가치가 현재는 16억 파운드에 이른다. 19년간 22배 성장했다. 영국 내 가장 열성적인 팬을 가진 축구팀, 가장 많은 관객을 동원할 수 있는 축구팀, 순이익이 가장 많은 축구팀, 매출이 가장 빠르게 성장하고 있는 축구팀이 토트넘 홋스퍼다. 이제는 가장 좋은 경기장을 가진 축구팀이 되었다.

　레비의 이력 중에 관심이 가는 부분은 그가 케임브리지 대학교에서 토지경제학을 전공했다는 사실이다. 거액을 들여 최신 경기장을 지으면서 레비는 주변 지역의 발전과 부동산 가격의 상승을 예상했을 것이

다. 향후 토트넘 지역이 어떻게 변화될지 흥미롭다. 레비는 유대인이
다. 러시아 사람이 로만 아브라모비치Roman Abramovich 구단주 때문에
첼시를 좋아하듯이 유대인은 토트넘을 좋아한다. 한국인도 토트넘을
좋아하는데, 레비 때문이 아니라 손흥민 때문이다. 런던에 오는 한국인
이라면 토트넘 홈경기 관람을 추천한다. 런던의 낙후된 지역과 최신식
축구 스타디움, 그리고 손흥민의 플레이를 동시에 볼 수 있어 좋다. 손
흥민이 골을 넣으면 열성적인 영국 축구팬이 한국인 최고라며 맥주를
사줄지도 모른다.

그랜드내셔널 대회와 영국다운 것

영국에서 느끼는 풍부한 콘텐츠와 자유, 프랑스에서 보게 되는 세련
된 예술의 품격, 독일에서 발견하는 삶의 질과 효율성, 이탈리아에서
감탄하는 화려한 역사. 러시아에서는 이 모든 것을 총칭해 '유럽식 엘
레강스'라고 한다. 러시아 사람들은 좋은 것 앞에는 유로Euro라는 말
을 붙인다. 집을 클래식하게 수리해놓아도 '유럽식 수리'라고 하고, 모
던하게 수리해놓아도 '유럽식 수리'라고 한다. 잘된 수리는 모두 유럽
식 수리다.

매년 6월 중순에는 에스콧 경마장에서 로열 에스콧 행사가 열린다.
2019년 로열 에스콧에서 만난 아일랜드 아주머니는 매년 이 행사에 오
지만 베팅하는 방법은 몰랐다. 그래도 더블린에서 런던으로 오는 여정

은 젊을 때나 지금이나 변함없이 설렌다고 했다. 여왕을 2미터 앞에서 볼 수 있기 때문이다.

로열 에스콧은 격조가 있다. 푸른 초장에 건축된 경마장, 화려한 족보의 명마, 세심하게 차려입은 연미복과 각양각색의 모자, 보이지 않을 듯 보이는 계층의 경계, 그리고 등장하는 여왕. 그렇다고 모든 영국 경마가 로열 에스콧과 같은 형태의 격조가 있는 것은 아니다.

영국 전역에는 300개의 경마장이 있고 여러 형태의 경주가 열린다. 그중에 가장 인상적인 경기는 리버풀의 에인트리Aintree 경마장에서 개최되는 그랜드내셔널Grand National 대회다. 1839년에 시작된 그랜드내셔널 대회를 본다면, 영국다운 것의 의미를 깨닫게 된다.

40필의 경주마는 6.9킬로미터를 달리는 동안 나무 덤불을 서른 번 넘어야 한다. 응원하는 말이 있으면 서른 번을 마음 졸여야 한다. 서른 번의 점프가 얼마나 길고 애타는 일인지 짐작하는 것은 어렵지 않다. 밴쿠버 동계올림픽에서 김연아 선수의 연속되는 점프가 빨리 끝나기를 바랐던 마음을 떠올려보면 된다.

첫 번째 점프부터 말이 넘어지고 기수가 나뒹굴기 시작한다. 기수가 낙마해 혼자 달리는 말도 있고, 넘어져 일어나지 못하는 말도 있다. 쓰러진 말이나 기수에 걸려 또 다른 말과 기수가 넘어지기도 한다. 많은 말과 기수가 끝까지 경기를 마치지 못하며, 어느 해에는 40마리 중에 세 마리만 결승선을 통과하기도 했다.

그랜드내셔널은 터프하지만, 전속력으로 달리다가 덤불을 넘는 말의 모습은 무척 우아하다. 기나긴 경주를 마무리하는 말과 기수의 기진맥진한 모습에도 우아함이 있다. 터프하다고 우아하지 않은 것은 아니다. 동물 보호 운동가들은 대회 개최를 반대하지만, 입장권을 1년 전에 예매해야 할 만큼 대회는 늘 성황리에 열린다. 많은 관객이 베팅을 하지 않고도 열광적으로 경기를 즐긴다. 베팅을 좋아하지 않는 어느 영국인은 자신이 살면서 해본 유일한 베팅이 그랜드내셔널 대회라고 했다. 2020년에는 코로나로 인해 그랜드내셔널 대회가 개최되지 못했지만, 인터넷에서 가상으로 만들어진 대회를 시청한 사람이 600만 명이 넘었다.

코로나 바이러스로 인해 유럽에서 많은 사람이 사망했다. 누구는 이것을 집단면역 실험의 실패라고 했고, 누구는 우리가 알고 있던 유럽이 아니라고 말했다. 그러나 코로나 사태는 실험이 아니었고, 삶의 일부였다. 우리가 유럽을 세련되며 우아하다고만 생각했다면, 좋은 것에 유로를 가져다 붙이는 러시아 스타일을 따르고 있는 것은 아닌지 생각해볼 필요가 있다.

그랜드내셔널 경주 중에 사고로 기수나 말이 죽기도 한다. 말이 죽거나 기수가 죽는다고 하여, 대회를 멈추지는 않는다. 그것을 인명 경시라거나 동물 학대라고 생각할 수도 있지만, 영국인은 보호와 안전이 세상의 전부는 아니라고 생각한다. 경쟁도 흥분도 자유도 중요한 삶의 일부다. 그러다가 죽음이 오면 죽음은 문제의 끝이다. 죽음이 모든 문제의 끝은 아니지만 모든 죽음을 다 풀어야 할 숙제라고만 본다면, 우리의 불행은 끝이 없다.

UNITED KINGDOM

9장

셰익스피어에서 조앤 롤링까지

프랜시스 베이컨이 셰익스피어라고?

발레리나의 평생 소망이 〈백조의 호수〉 오데트 역을 맡는 것이라면 남자 배우의 평생 소망은 나이가 들어 리어 왕 배역을 해보는 것이라고 한다. 젊음은 감출 수 있지만 늙음은 감출 수 없다. 실력 있는 배우가 잘 늙었을 때만 가능한 것이 리어 왕 배역이다.

영국의 배우 이언 맥켈런Ian Mckellen은 기사 작위를 받았다. 1939년 생으로 80세가 넘은 그는 60대에 리어 왕을 연기해봤으니 남자 배우로서 평생의 소망을 이뤘다. 그런 그가 2020년에 80세가 넘어서 햄릿역을 맡았다. 덴마크 왕자인 햄릿을 노배우가 맡는다고? 죽느냐 사느냐 그것만 문제가 아니라 나이도 문제다. 80대의 노배우가 햄릿 역할을 한다면, 햄릿의 어머니와 아버지는 누가 맡을 수 있을까? 100세의 배우 중에 알아봐야 하는가? 이안 맥켈런은 50년 전인 1971년에도 햄릿 배역을 맡은 적이 있다. 하지만 81세의 왕자가 세상에 없으란 법도 없다. 영국의 왕세자 찰스는 1948년생으로 72세다. 81세의 이안 맥켈런과 아홉 살밖에 차이가 나지 않는다.

셰익스피어 작품 속의 배경과 주인공은 다양하다. 햄릿은 덴마크의 젊은 왕자며, 리어 왕은 늙은 영국 왕이며, 맥베스는 중년의 스코틀랜드 왕이고, 오셀로는 젊은 무어인이며, 《베니스의 상인》의 안토니오는 이탈리아의 상인이며, 《한 여름밤의 꿈》의 주인공은 그리스의 젊은 여성이다. 다양한 시간적·공간적 배경에서 개성 있는 남녀노소의 인물이 등장한다. 셰익스피어는 자신이 가보지도 않은 나라를 정확히 묘사했고, 남녀노소 각양각색 등장인물의 심리를 현실감 있게 표현했다. 셰익스피어가 리어 왕을 쓴 것이 1606년이다. 400년 전에 대학 교육도 받지 않은 셰익스피어가 이 모든 작품을 썼다는 것을 믿지 못하는 사람도 있다.

"궁정 깊은 곳까지 속속들이 알고 있는 것을 보니, 궁정 생활을 경험한 왕실의 인사다", "여성의 심리를 잘 아는데, 셰익스피어가 여성이 아니라면 불가능하다", "셰익스피어는 혹시 엘리자베스 1세 여왕이 아닐까?", "사색의 깊이를 감안했을 때에 당대의 최고 지성인이 쓴 것이다", "작품과 인물의 다양성을 감안해볼 때, 도저히 한 사람의 작품이라고 볼 수가 없다" 등등 여러 형태의 셰익스피어 음모론이 있다.

음모론 중에 가장 구체적인 것은 "셰익스피어는 당대 최고의 철학자였던 프랜시스 베이컨Francis Bacon이 사용한 가명이다"라는 주장이다. 셰익스피어 작품에는 다양한 시대와 계층의 고뇌가 등장한다. 당대의 최고 지성인이 모든 고뇌에 귀를 기울였다는 주장은 언뜻 이해가 가지 않는다. 최고의 지성인은 그럴 필요도 없고, 보통 그렇게 하지도 않는다. "셰익스피어는 셰익스피어다"라고 말하는 것이 가장 그럴듯한 정면돌파다. 수많은 어휘와 다양한 캐릭터를 혼자 만들어낸 것이 말이 되지make sense 않는다면, '삶은 원래 난센스로 가득한 것full of non-sense'이라는 사실을 기억하는 것이 좋겠다.

코로나 팬데믹의 최고 수혜자는 자연이고, 최대 피해자는 공연이다. 자연은 오랜만에 인간이 없는 여유를 누렸다. 어느 영국인은 코로나 록다운 동안에도 거의 일을 하지 못했는데, 록다운이 풀리자마자 두 달 동안 자연 속으로 사라질 것이라고 했다. 록다운이 풀리면 일을 해야 하는 것이 아닌가? 영국이라는 나라가 잘 사는 것이 신기하다. 셰익스피어 같은 조상을 둔 덕일까?

코로나가 종식되지 않았음에도 록다운 해제 후에 영국의 산과 바다, 공원과 해변은 인파로 붐볐다. 자연의 여유는 짧게 끝났다. 반면에 공연계의 어려움은 오래 지속되었다. 밀폐된 공간에서 많은 사람이 숨을 죽이고 두세 시간을 보내는 것이 가능해지는 데는 시간이 필요했다. 그 기간에 많은 프리랜서 문화예술인이 어려움을 겪었다. 공연계를 돕기 위해서라도 앞으로는 공연을 더 자주 보고 싶다.

셰익스피어와 유대인 금융의 탄생

금융의 중심지인 시티 오브 런던에 세인트 폴 성당이 있다. 세인트 폴 성당에서 밀레니엄 브리지를 통해 템스강을 건너면, 오른편에 현대미술의 집대성 테이트 모던Tate Modern 갤러리가 있고, 왼편에 셰익스피어 극장이 있다. 셰익스피어에 의해 만들어진 극장인 셰익스피어 글로브Globe는 1599년에 건립되었지만, 오랫동안 잊혔다가 1997년에 새로 지어졌다. 런던 시내 평범함 주택보다 짧은 역사를 가졌기에 관광객의 관심을 끌지 못하지만, 오롯이 앉아 연극을 보면 셰익스피어의 시간과 공간에 푹 빠져든다.

셰익스피어는 임진왜란(1592) 전후 시기에 왕성히 활동했다. 유대인은 1290년에 영국에서 추방되었으며, 1655년에 추방 조치가 해제되었다. 그런데 평생 해외에 나간 적이 없는 셰익스피어는 1596년에 어떻게 《베니스의 상인》을 썼을까? 셰익스피어는 어떻게 구두쇠 고리대금업자 유대인 캐릭터를 만들어냈을까? 유대인이 없어도 반유대주의는 남아 있었기 때문이다. 유대인을 만날 일이 별로 없는 우리나라에도 유대인에 대한 반감은 있다.

《베니스의 상인》을 읽어보면 반유대주의가 강렬히 드러난다. 이 희극은 사랑과 우정에 관한 이야기라기보다는 유대인에 대한 이야기며, 이자interest에 관한 이야기다. 고리대금업자 샤일록 개인의 악덕에 관한 이야기라기보다는 유대인과 유대교에 관한 이야기다.

유대인이 고리대금업에 종사한 이유는 두 가지다. 첫째, 유대인은 노

예를 소유하는 것이 금지되었기에 농업이나 공업과 같은 노동 집약적인 산업에 종사할 수 없었고, 자연스레 금융업에 손댈 수밖에 없었다. 둘째, 유대인은 구약 성경의 교리에 따랐다. 유대인에게 중요한 성경은 '모세 오경'이라고도 불리는《토라》다.〈창세기〉,〈출애굽기〉,〈레위기〉,〈민수기〉,〈신명기〉를 토라라고 하는데, 정통 유대교인이라면 어릴 적부터《토라》를 읽고 쓰고 외운다. 이《토라》에 이자에 관한 율법이 기록되어 있다.〈출애굽기〉,〈레위기〉에서도 이자를 금지하고 있지만,〈신명기〉23장 19절과 20절에 명확하게 언급되어 있다.

"네가 형제에게 꾸어 주거든 이자를 받지 말지니, 돈의 이자, 식물의 이자, 이자를 낼 만한 모든 것의 이자를 받지 말 것이라. 이방

인에게 꾸어 주면 이자를 받아도 될 것이나, 형제에게 꾸어 주거
든 이자를 받지 말라. 그리하면 하나님 여호와께서 네가 들어가서
차지할 땅에서 네 손으로 하는 범사에 복을 내리시리라."

〈신명기〉 구절에 따르면 유대인은 유대인에게 이자를 받을 수 없지
만, 이방인에게는 받을 수 있다. 유대인들은 이를 근거로 대부업을 할
수 있었다. 반면에 기독교인은 신명기 구절을 기독교 안의 형제 사이
에 이자를 주고받을 수 없는 것으로 해석했다. 이로 인해 종교가 지배
하던 중세에는 기독교인이 금융업에 종사할 여지가 없었다. 《베니스의
상인》에서 샤일록은 이자를 받는 금융업자였지만, 안토니오는 이자를
받지 않고 필요한 사람에게 돈을 빌려주기도 했던 무역업자였다. 안토
니오의 눈에 샤일록은 돈에 눈이 먼 유대인이었고, 샤일록에게 안토니
오는 자신의 비즈니스를 방해하는 예수쟁이였다.

장 칼뱅Jean Calvin은 "〈신명기〉 구절은 유대인에게 말한 하나님의 말
씀으로 유대인이 아닌 사람에게 적용되지 않는다"라고 해석함으로써
기독교인의 이자 수취를 정당화하려고 애썼지만, 그의 해석이 곧바로
세상에서 받아들여진 것은 아니다. 오늘날 글로벌 금융을 유대인이 장
악하게 된 연원은 〈신명기〉 23장에서 비롯된다.

셰익스피어의 아버지는 농산물과 모직물 중개업으로 돈을 벌었다.
배를 가지고 무역업에 종사한 주인공 안토니오에 셰익스피어의 아버
지가 투영되었을 수도 있다. 아버지가 금융을 잘못 이용했는지, 유대인
금융을 사용한 글로벌 경쟁자에게 밀렸는지 알 수는 없으나, 어느 순

간부터 사업에 연속적으로 실패했다. 그로 인해서 셰익스피어는 대학에 가지 못하고 런던에 와서 연극에 뛰어들었다. 그렇게 런던은 셰익스피어를 가지게 되었고, 올리버 크롬웰이 유대인의 영국 거주를 허용함으로써 글로벌 금융도 가지게 되었다.

"정의만을 주장해서는 누구도 구원받지 못한다"

영화 〈변호인〉은 노무현 전 대통령의 변호사 시절 일화를 모티브로 제작되었다. 〈변호인〉을 보면 변호사와 검사가 에드워드 카Edward Hallett Carr가 빨갱이냐 아니냐를 놓고 벌이는 논쟁이 있다. 검찰의 억지와 변호사 송우석의 치밀한 준비가 대조를 이룬다. 카는 빨갱이가 아니었기에 검찰의 주장은 무리였지만, 송우석 변호사도 카가 좌파 역사학자였으며, 소련을 긍정적으로 바라봤던 학자라는 사실은 언급하지 않았다.

1990년대에 대학생이 되고 처음 읽은 책이 카의 《역사란 무엇인가?》였다. "역사란 과거와 현재의 끊임없는 대화며, 역사가와 역사적 사실 간의 지속적인 상호작용이다"라는 구절에 흥분했던 기억이 있다. 그런데 런던에서 박물관이나 유적지를 다니다 보면, "역사가 과거와 현재의 대화"라는 말이 생각만큼 창의적인 것은 아니라고 느끼게 된다. 현재와 대화하는 과거를 여러 곳에서 만나 볼 수 있기 때문이다.

《역사란 무엇인가?》라는 제목이 가지고 있는 패기가 있다. 카는 머천트 테일러 스쿨Merchant Taylor's School과 케임브리지 대학교를 나왔다. 머천트 테일러 스쿨은 이름이 독특해서 기억하기 쉽다. 셰익스피어의 아버지 같은 상인merchant이나《베니스의 상인》의 안토니오 같은 사람이 만든 학교다. 우리 집 둘째 아이가 입학시험을 준비하는 학교 중에 머천트 테일러도 있었다. 이름을 듣자마자 에드워드 카가 떠올랐고, 시험 보는 날 따라가서 학교를 둘러봤다. 학교는 115만 제곱미터나 되었다. 강을 세 개나 끼고 있었고, 축구장, 럭비장, 크리켓 경기장이 셀 수 없이 많았다. 조정 경기장과 골프장까지 있었다. 고작 1,000명의 학생이 그 넓은 학교에서 공부한다. 학교가 이 정도 규모는 되어야《역사란 무엇인가?》라는 거창한 주제의 책을 쓸 수 있는 것일까?

영화 속 장면에서 주인공 송우석 변호사는 "에드워드 카의 책이 한국에서 많이 읽히기를 바란다"는 영국 대사관의 서한을 공개한다. 그러나 정작 영국인은 에드워드 카와 그의 책을 잘 알지 못한다.

《역사란 무엇인가?》는 1961년에 발행되었는데, 그보다 10년 뒤에 소련의 역사학자 로이 메드베데프Roy Medvedev가《역사가 판단하게 하라》라는 책을 썼다. 러시아어 제목은《역사의 법정으로》인데, 영어 번역본을《Let History Judge》로 출간했기 때문에 한국어판의 제목도 영문판을 따랐다. 책 제목이 맘에 들었다. 오랫동안 같이 이사를 다닌 책인데, 런던까지는 동행하지 못했다. 이 책은 스탈린주의를 비판하면서 마르크스-레닌주의 원리로 돌아가자는 주장을 담았다. 지금 생각하면 제목에 전체주의적인 분위기가 흐른다. 역사가 판단하게 하라? 왜 역사가 판단해야 하는가? 거창한 제목에 현혹되어서는 안 된다.

정의라는 말도 그렇다. 너무 거창하다. 개인적으로는 정의당보다는 민주노동당이라는 명칭이 더 좋다. 경제정의실천연합이라는 시민단체도 너무 거창한 이름이어서, 경실련이라고 줄여 부르는 것을 더 선호한다. 세간의 화제가 되었던 정의연의 정식 명칭은 '일본군 성노예제 문제 해결을 위한 정의기억연대'다. 성노예라는 말은 이용수 할머니가 몸서리치도록 싫어했던 단어라고 한다. '정의기억'이라는 단어는 〈변호인〉 속의 송우석 변호사가 칭찬을 아끼지 않았던 역사학자 에드워드 카가 몹시 싫어할 단어다.

셰익스피어의 소설에는 거창한 제목도, 거창한 주장도 없다. 셰익스피어의 《베니스의 상인》에는 이런 구절이 나온다. "그대가 주장하는 바는 정의지만 명심하시오. 정의만 내세우면 우리 중 누구도 구원받을 수 없소 Although justice is your aim, think about this: none of us would be saved if we depended on justice alone." 셰익스피어가 틀리기를 바라지만, 틀렸을 것 같지 않다.

우리 사회가 정의만 지나치게 내세우고 있는 것은 아닌지 돌아볼 필요가 있다. 혹시라도 정의라는 거창함에 집착한 나머지 개개인의 삶의 가치를 소홀히 취급하는 것은 아닌지, 정의라는 명분으로 개인의 자유를 쉽게 제약하고 있는 것은 아닌지 돌아볼 필요가 있다.

문학으로부터의 보호

아동문학가 마이클 모퍼고Michael Morpurgo는 학교 선생님이었다. 아이들에게 이야기 들려주는 것을 좋아했고, 셰익스피어를 특히 좋아했다. 그래서 자신의 세 자녀 이름을 셰익스피어 작품에서 따왔다. 하지만 학교에서 마냥 셰익스피어와 찰스 디킨스 작품만 읽어줄 수가 없었기에 이런저런 작품을 읽어주다가 만족스럽지 못한 때도 있었다. 그러자 아내가 "당신이 직접 써서 이야기를 들려줘요"라고 권유했고, 그때부터 글을 쓰기 시작했다.

모퍼고는 1974년부터 46년 동안 한 해에 두세 권의 어린이 소설을 써서 지금까지 120권의 작품을 냈다. 분량도 적지 않다. 스티븐 스필버그 감독에 의해 영화화된 《워 홀스War Horse(전투마)》가 196페이지다. 대단한 창작력이다. 마이클 모퍼고는 영국 아동문학을 반세기 동안 이끌어왔는데, 그 공을 인정받아 기사 작위를 받았다.

모퍼고가 영국 아동문학의 기대 수준을 높여 놓았기에 그 토대 위에 조앤 롤링 같은 오늘날의 아동문학가가 등장할 수 있었다. 77세인 모퍼고는 현재는 셰익스피어 작품을 다시 쓰고 있다. 8세에서 16세 사이의 어린이가 쉽게 셰익스피어를 접하도록 하기 위함이다. 그의 작품은 영국의 많은 초등학교와 중학교에서 교재로 사용될 것이다.

그런데 모퍼고가 다시 쓰는 셰익스피어 작품 목록에서 《베니스의 상인》이 빠져 있다. 그 작품에 반유대주의가 강하게 드러나기 때문이다. 영국 참교육 교사 모임은 이를 비난하고 나섰다. "아이들은 위대한 문학으로부터 보호받는 것이 아니다. 성경이나 코란으로부터 아이들이 보호받을 필요가 없는 것처럼, 위대한 문학으로부터 아이들을 보호한다고 생각해서는 안 된다." 셰익스피어를 사랑하는 모퍼고는 이러한 비난에 부담을 느꼈다. 자신에게 셰익스피어 작품을 검열할 자격이 없음을 알고 있었기 때문이다. "나는 셰익스피어 작품 중에 내가 좋아하는 10개의 작품을 다시 쓰려고 했을 뿐이다. 셰익스피어의 모든 작품은 각각의 장점이 있으며, 그것을 내가 평가하려고 하는 것은 아니다."

그러나 모퍼고는 이전에 《베니스의 상인》 속에 나타나는 반유대주의가 불편하다고 말한 적이 있기 때문에 셰익스피어를 검열하고 있다는 세간의 평가에서 자유로울 수가 없다. 인종차별에 엄격한 영국 사회에는 모퍼고를 두둔하는 사람도 제법 있다. 그러나 반유대주의가 있으면 있는 대로 《베니스의 상인》이 다시 쓰여지는 것도 좋을 듯하다. 모든 것이 아이들을 위한 큰 교육이 될 것이다.

앞에서 인용했던 《베니스의 상인》의 문장을 다시 떠올려 보자. "그대가 주장하는 바는 정의지만 명심하시오. 정의만 내세우면 우리 중 누구도 구원받을 수 없소." 이런 명문장으로부터 우리 아이들이 보호되어야 할 이유가 어디에 있겠는가?

《예감은 틀리지 않는다》 속의 '역사란 무엇인가?'

역사에 대한 해석을 독점하려는 시도는 늘 있다. 줄리언 반스가 쓴 소설 《예감은 틀리지 않는다Sense of an Ending》는 2011년에 맨부커Man Booker 상을 수상했다. 맨부커 상은 세계 3대 문학상 중 하나로 영국에서 출판되는 영어로 쓰인 소설에 주는 상이다. 우리에게는 소설가 한

강이 2016년에《채식주의자》로 맨부커 인터내셔널상을 수상하면서 잘 알려졌다. 맨부커 인터내셔널상은 영어로 번역된 작품을 대상으로 한다. 원작 못지않게 중요한 것이 번역이다. 맨부커 본상과 인터내셔널상은 상금이 각각 5만 파운드로 동일하지만, 인터내셔널 수상자는 번역자와 정확히 절반을 나눠야 한다. 번역자는 원작자와 동일한 대우를 받는다.

한강의《채식주의자》를 번역한 데보라 스미스Deborah Smith는 폭넓게 의역해 원문을 망쳤다는 비난을 받기도 했다. 그러나 그의 번역이 맨부커 인터내셔널상을 탔다. 줄리언 반스의《시대의 소음》과《예감은 틀리지 않는다》의 한글 번역본에는 어색한 번역이 곳곳에 있다. 그래서 번역본을 읽은 후에 영어 원본을 읽어보았다. 역시 번역은 어려운 작업이라는 걸 다시금 깨닫는다. 데보라 스미스는 케임브리지를 졸업하고, 한국어를 공부한 지 2년 만에 한국어 소설을 영어로 번역하기 시작했다. 놀라운 언어 능력이 아닐 수 없다.

줄리언 반스의《예감은 틀리지 않는다》는 분량이 길지 않아서 누구나 금방 읽을 수 있다. "역사는 부정확한 기억이 불충분한 문서와 만나는 지점에서 빚어지는 확신이다"라는 구절이 여러 차례 나온다. 역사는 당연하게도 늘 왜곡된다.《예감은 틀리지 않는다》라는 짧은 책에서 '기억'이라는 단어는 101번이나 등장한다. "우리가 살면서 기억하게 되는 것은 실제로 본 것과 똑같지 않은 경우가 많다"라는 문장이 있다. 책 속의 주인공은 40년 전의 중요한 사건을 전혀 엉뚱하게 기억하고 있지만, 가까운 기억이라고 해서 먼 기억보다 정확한 것은 아니다. 가까운 기억도 먼 기억 이상으로 부정확할 수 있다. 기억의 간섭은 시간의 구애를 받지 않는다. 엘리자베스 2세 여왕은 메건 마클과 해리 왕자의 인터뷰에 대해, "기억은 사람마다 다를 수 있다Recollections may vary"라고 평가했다.

현대의 역사는 기억에 의존하는 것이 아니라 기록과 영상으로 존재한다고 말할 수 있지만, 영상이 있다고 해서 충분한 것은 아니다. 넷플릭스 드라마 〈메시아Messiah〉를 보면, 메시아가 많은 기적을 보여준다. 기적은 스마트폰을 통해 실시간으로 전 세계에 공유되지만, 그렇다고 메시아가 물 위를 걸었다는 사실이 자명해지지는 않는다.

오늘은 이렇게 확신하는 것을 내일은 다르게 확신할 수 있다. 역사의 해석을 독점하려는 사람들이 처음부터 나쁜 의도를 가지고 그러는 것은 아니다. 자신이 보기에 올바른 해석이 악의적 왜곡을 만나지 않기를 바라는 것뿐이다. 그러나 다른 사람의 역사 해석을 두려워할 필요는 없다. 만일 해석이 바뀔 것이 두렵다면, 그것은 '역사를 과소평가하고 있기 때문이거나 역사학자를 과소평가하고 있기 때문이다.' 역사와 역사학자는 그렇게 단순하지 않다.

'역사는 승자의 기록'이라는 말을 믿는 사람도 역사의 해석이 변하는 것에 두려움을 느낀다. 승자가 바뀔 경우에는 역사도 바뀔 것이라고 우려한다. 그러나 역사가 승자에 의해서만 기록되는 것은 아니다. 예수의 제자 요한이 〈요한복음〉을 썼을 때, 네루Jawaharlal Nehru가 《세계사 편력》을 썼을 때, 승자의 위치에 있었는가? '역사는 승자들의 거짓말이기도 하지만, 패배자의 자기기만이기도 하다.' 물론 〈요한복음〉

이 자기기만이라는 이야기를 하는 것은 아니다. 당시 요한은 승자도 패자도 아니었다. '어쩌면 역사는 살아남은 자, 승자도 패자도 아닌 이들의 회고에 가까운 측면도 있다.'

영국의 여성 문학과 역사 속 여성의 역할

출판 역사를 새로 쓴 책《해리 포터》의 저자 조앤 롤링은 어릴 적부터 책을 많이 읽었다. 특히 제인 오스틴Jane Austen을 좋아했다. 롤링은 오스틴의 책을 시간 날 때마다 읽었고, 가장 좋아하는《엠마Emma》는 20번 이상 읽었다고 한다. 버지니아 울프Virginia Woolf는 "제인 오스틴의 위대함은 따라잡기 어려울 정도다"라고 했다. 롤링은 오스틴에 대한 울프의 평가를 여러 번 인용했다.

제인 오스틴의 소설에는 당시 시골 마을 귀족 여성의 고민이 담겨 있다. 200년 전의 시골 여성은 세상에 대한 별다른 체험이 없었다. 그래서 작품의 스케일은 작지만, 대사 하나하나에는 독창적이면서도 깊은 의미가 담겨 있다. 제인 오스틴 시대의 여성에게는 재산권이 없었다. 아버지가 부자여도 딸에게는 재산을 남겨주지 못하고 사위에게 물려줬다. 여성이 안정적인 삶을 살기 위한 유일한 방법은 부자 남성 또는 신뢰할 수 있는 남성과 결혼하는 것뿐이었다. 그래서 제인 오스틴 작품 속에서 가장 중요한 주제는 결혼이다.

당시 여성에게는 재산권만 없었던 것이 아니었다. 여성이 글을 쓰는 것도 조심스러웠다. 제인 오스틴에게는 자기만의 방이 없었다. 거실에서 글을 썼는데, 하인이 그녀가 글 쓰는 것을 이상하게 여길 것 같아서 숨기면서 글을 썼다. 그녀에게 자기만의 방이 있고, 남자에게 의존하지 않을 돈이 있었다면 셰익스피어보다 훌륭한 작가가 될 수 있었을까? 그 문제를 고민한 사람은 제인 오스틴의 의식을 빌린 버지니아 울프였다.

버지니아 울프가 보기에 한 가지가 더 필요했다. 셰익스피어가 가졌던 다양한 경험이다. 이는 제인 오스틴 시절에는 불가능했고, 버지니아 울프 시대에도 겨우 시도해볼 수 있는 정도였다. 자기만의 방과 돈이 있었던 버지니아 울프는 남성성에 기반한 다양한 경험을 해보고 싶었다. 블룸스버리 그룹에서 남성 엘리트와 교류하며 세상을 배웠고, 스스로 남성의 역할을 해보기 위해서 동성애도 해봤다. 그걸 통해서 버지니아 울프는 셰익스피어가 되기도 하고, 제인 오스틴이 되기도 했다. 그녀의 의식은 자연스럽게 남녀노소의 속으로 흘러가고 흘러나왔다.

조앤 롤링은 자기만의 방이 없어서 카페에서 글을 썼다. 돈도 없었고, 다양한 세상 경험을 하지도 못했다. 아이가 하나 있었다. 공지영의 소설 속에 이런 구절이 있다. "아이 둘을 키우면서 할 수 있는 일은 아무것도 없다." 신경숙인지도 모르겠다. 아이가 둘이 아니었던 것이 조앤 롤링이 가진 유일한 장점이었다.

그래도 조앤 롤링에게는 제인 오스틴과 버지니아 울프 시대에는 없었던 폭넓은 자유와 관용이 있었다. 무엇보다 제인 오스틴과 버지니아 울프가 쌓아놓은 업적 위에 설 수 있었다. 버지니아 울프가《자기만의 방》에서 한 말처럼.

"걸작은 외딴곳에서 홀로 태어나는 것이 아니라 오랜 세월에 걸쳐 사회 전체가 공유한 생각의 결과물이며, 그 하나의 목소리 속에는 집단의 경험이 녹아 있다."

조앤 롤링은 책이 출판될 때, 조앤이라는 이름을 사용하지 못하고, J. K.라는 이니셜을 넣었다. 블룸스버리 출판사Bloomsbury Publishing가 《해리 포터》의 주요 독자층이 될 10대 소년이 여성 작가의 판타지 소설을 사보지 않을 것이라고 우려했기 때문이다. 롤링은 자기만의 방, 돈과 다양한 경험이 없어도 성공할 수 있는 좋은 토대 위에 서 있었지만, 여전히 여성에게는 완벽하지 않은 토대였다. 그런 면에서 조앤 롤링 이후의 사회는 이전의 사회보다 나아졌다. 제인 오스틴의《오만과 편견》, 버지니아 울프의《자기만의 방》, 조앤 롤링의《해리 포터와 마법사의 돌》을 연속해서 읽어보면서, 역사 속의 여성의 역할 변화를 느껴볼 만하다.

세계 출판 역사의 모든 기록을 갈아치운《해리 포터》시리즈

케인스와 버지니아 울프가 블룸스버리 그룹의 멤버라는 것을 잘 모르고, 런던 지리에 익숙하지 않더라도 블룸스버리는 귀에 익은 단어다. 조앤 롤링의《해리 포터》를 펴낸 출판사가 블룸스버리기 때문이다.

우리 아이들은 열 살 전후해《해리 포터》를 읽었다. 둘째 아이가《해

조앤 롤링이 《해리 포터》의 영감을 얻은 에든버러 성

리 포터》를 읽었을 때, 이미 《체럽Cherub》, 《스파이 스쿨Spy School》, 《스쿨 오브 굿 앤 이블School of Good and Evil》, 《알렉스 라이더Alex Rider》를 읽은 상태였다. 이들 유사한 시리즈와 비교할 때, 《해리 포터》가 제일 재미있다고 했다. 정치에 대해 잘 모르는 아이에게 물어보았다.

"조앤 롤링은 어떤 정치 성향인 거 같아?" "당연히 보수당은 아닌 것 같아." "왜?" "부자는 악하고, 가난한 사람은 착하게 나오잖아!" 조앤 롤링은 노동당 후원자지만, 노동당 내 좌파 세력을 보수당 못지않게 싫어하는 리버럴 좌파다. 블룸스버리 그룹과 정치적 성향이 같고, 페미니즘의 지지자다. 다만 블룸스버리 그룹은 동성애거나, 동성애 지지자였지만, 조앤 롤링은 동성애에 친화적이지 않다.

블룸스버리는 블룸스버리 지역에 위치한 작은 출판사였다. 행운이

겹치면서《해리 포터》를 만나 시가 총액 2,500억 원에 달하는 상장기업이 되었다. 조앤 롤링에게도 블룸스버리 출판사를 만난 것은 행운이었다. 조앤 롤링이《해리 포터》를 가지고 출판사를 직접 찾아간 것은 아니다. 저자가 출판 대행업자에게 책을 맡기면, 출판 대행업자가 최적의 출판사를 찾아주는 것이 영국의 출판 관행이다. 롤링의 출판 대행업자는 크리스토퍼 리틀Christopher Little이었다. 출판 대행업자는 중개인이기에 웬만하면 책을 접수한다. 리틀은 책을 읽지도 않고, 사무실에 놓아두었다. 그의 책상에는《해리 포터와 마법사의 돌》앞부분이 있었다. 유일한 직원이었던 브리오니 이벤스Bryony Evens가 읽어 보고, 마음에 들어서 전문을 보내달라고 편지를 보냈다. 조앤 롤링이 인생에서 받았던 가장 행복한 편지였다.

크리스토퍼 리틀은《해리 포터》를 들고 메이저 출판사를 노크했지만, 번번이 거절당했다. 당시 아이들 책은《워 홀스》를 쓴 마이클 모퍼고의 책처럼 이야기 전개가 빠르고, 서사 구조가 단순해야 했다.《해리 포터》는 아이들이 보기에는 너무 길고 장황했다. 주요 출판사에서 거절하자 리틀은《해리 포터》를 블룸스버리 출판사에 전달했다. 블룸스버리는《해리 포터》를 만나기 2년 전에 처음 어린이 책을 발행하기 시작했다. 어린이 서적 분야에서 막 걸음마를 뗀 회사였다. 이 회사의 주인은 나이젤 뉴턴Nigel Newton이었는데, 자신은 읽어보지 않고 여덟 살짜리 딸에게《해리 포터》를 읽어보게 했다. 책을 받고 한 시간 후에 딸이 나이젤 뉴턴의 방으로 와서는 "아빠! 이 책은 다른 모든 것보다 훨씬 나아요"라고 말했다. 다음 날 나이젤 뉴턴은 2,500파운드짜리 수표

조앤 롤링이 들었던 가장 행복한 칭찬은
"당신은 나의 어린 시절이다"라는 어느 독자의 말이었다.

를 발행해 롤링에게 주고,《해리 포터》의 판권을 갖게 되었다. 출판 역사에서 가장 성공적인 계약이 여덟 살 딸 덕분에 이뤄지게 되었다. 초판은 고작 500권을 찍었다. 그게 롤링에게 준 계약금과 출판 원가를 커버할 수 있는 최소 수량이었을 것이다.

그 이후의 스토리는 우리가 다 아는 이야기다. 전 세계에서 5억 권이 팔렸고, 70개 언어로 번역되었으며, 마지막 편은 출간 첫날에만 1,200만 권이 팔렸다. 세계 출판 역사의 모든 기록을 혼자 가지고 있는 것이《해리 포터》시리즈다. 전 세계 팬으로부터 사랑을 받고 있는 조앤 롤링이 들었던 가장 행복한 칭찬은 "당신은 나의 어린 시절이다You are my childhood"라는 어느 독자의 말이었다.

출판 대행업자는 저자 수입의 15퍼센트를 받는다. 크리스토퍼 리틀도 큰 부자가 되었다. 브리오니 이벤스도 성과급을 많이 받았을 것이다. 1997년 책이 나오고 저자 사인회를 할 때, 브리오니는 그곳에 찾아가서 줄을 서서 사인을 받았다. 브리오니도《해리 포터》에 대한 애정이 많았던 모양이다. 줄이 길지도 않았다. 롤링이 "《해리 포터》의 가치를 처음으로 알아준 브리오니에게"라고 책에 사인을 해주었는데, 후일 이 책은 경매에서 1억 4,000만 원에 팔렸다.

10장
영국인의 여유는 문화에서 나온다

유럽 최대의 거리 축제, 노팅힐 카니발

제2차 세계대전 직후 노동력이 부족하자 영국은 식민지 거주자에게 영국 국적을 부여해 본토로 이주할 수 있도록 했다. 1948년부터 20년간 아프리카계 카리브해인이 영국으로 이주해왔다. 이를 윈드러시Windrush 라고 한다. 처음으로 이들을 싣고 영국에 온 배의 이름이 엠파이어 윈드러시Empire Windrush였기 때문이다. 홍콩에서 반중국 시위가 있을 때 홍콩 반환 이전에 태어난 홍콩인에게 영국 국적을 부여하는 절차를 시작한 것도 윈드러시의 선례를 따른 것이다.

영국으로 이주한 카리브해인이 기대한 런던은 깨끗하고, 알록달록한 색을 가지고 있는 노팅힐 지역이었다. 녹음이 짙은 거리에서 핑크

색 테라스 하우스의 초인종을 누르면 파스텔톤의 현관문이 열리고, 아늑한 거실을 통해 초록의 잔디가 깔린 정원으로 이어지는 곳을 기대했다. 그러나 현실은 냉혹했다. 초인종을 누르는 것을 제외하고는 모든 것이 예상과 달랐다. 거주지는 슬럼 지역이었고, 집은 여러 명이 집단으로 거주하는 공동주택이었으며 심한 인종차별을 겪었다. 이에 이 주민들이 차별에 저항하고, 카리브해 사람의 정체성을 지킬 목적으로 1966년에 시작한 것이 노팅힐 카니발이다. 전 세계 카니발 중에 두 번째로 크며, 유럽의 거리 축제로는 가장 크다. 매년 8월 말에 개최된다.

카니발 인파는 250만 명이 넘는다. 런던에 이처럼 많은 카리브해인이 있었는지 놀라게 된다. 모두가 손에는 술병과 담배를 들고 있다. 노팅힐 거리의 상가는 토네이도에 대비하는 것처럼 나무판자로 사방을 막아놓는다. 거주자들도 이 기간에는 피난을 간다. 카니발은 무질서한 공간이다. 저항으로 시작된 카니발의 성격상 폭력적으로 변할 가능성도 크다. 런던 경찰이 총동원되고, 일시적으로 경찰에게 불심검문의 권한이 부여되지만 대규모 인파 앞에서 경찰이 할 수 있는 일은 많지 않다.

이 기간에 길바닥은 쓰레기와 깨진 유리투성이다. 길거리 공기는 담배, 마리화나와 환각 물질의 연기로 자욱하다. 오후가 되면 일사병이나 과음, 환각으로 쓰러지는 이들이 속출한다. 누군가 쓰러지면 응급구조 가방을 등에 멘 지원대가 어딘가에서 나타나 도움을 준다. 런던시는 안전을 위해 좁은 골목의 노팅힐보다는 하이드 파크를 권유하지만, 카리브해 사람들은 노팅힐을 고집한다. 노팅힐 거리의 형형색색 건물과 카니발 참가자의 형형색색 치장은 잘 어울린다. 불편하더라도 카니발은

평상시 노팅힐 거리 모습

노팅힐에서 계속될 것이다.

아프리카에서 카리브해로, 카리브해에서 영국으로, 바람을 타고 다니면서 쌓인 설움을 이틀간의 카니발로 달랠 수는 없겠지만, 자유와 해방은 일시적이라도 필요해 보인다.

성소수자의 축제, 런던 프라이드

2019년 가을 이스라엘에 다녀온 이후 유대인에 대한 책을 많이 읽었다. 그러나 '누가 유대인이냐?'는 것은 여전히 명확하지 않다. 유대인은 모계 혈통을 따른다는 통념에 의하면, 어머니가 유대인이면 유대인이다. 틀린 말은 아니지만 맞는 말도 아니다. 유대교를 받아들인 사람이 유대인이라고도 할 수 있다. 그렇다면 유대교를 믿지 않으면 유대인이 되지 않는가? 유대교를 믿지 않지만 유대인임을 자랑스럽게 생각하는 사람도 많다.

히틀러는 조부모 네 명 중 세 명이 유대인이면 유대인이라고 했지만 나중에는 조부모 네 명 중 한 명만 유대인이어도 유대인이라고 규정했다. 그러다 보니 평생 자기가 유대인이라는 사실을 인식하지 못하고 살았던 사람이 갑자기 수용소로 끌려가기도 했다. 유대인 탄압에 앞장섰던 나치 고위 장교가 자신이 유대인이라는 것을 뒤늦게 알고 자살한 사례도 있었다. '누가 유대인인가?'라는 질문에 대한 가장 명확한 답은 '스스로 유대인이라고 생각하는 사람이 유대인이다.'

소크라테스가 말한 것처럼 자기 자신을 아는 것이 중요하다. 오늘날 서양의 교육은 자기 정체성에서 출발한다. 영국의 학교는 입학시험에서부터 "너는 누구냐?" "너는 너를 누구라고 말하느냐?"를 질문한다. "너를 어떠한 대명사로 지칭할 것이냐?"는 질문도 한다. 대명사 질문은 성적 정체성에 대한 질문으로 이어질 수밖에 없다. 질문의 의도는 자신의 정체성을 드러내는 것을 주저하지 말라는 것이다. 실제로 영국의 고등학교에는 치마를 입고 하이힐을 신고 다니는 남학생이 있다.

정체성이란 자기 이미지고 자기 평가이기 때문에 타인을 향해 "너는 네가 생각하는 그것이 아니다"라고 말할 수 있는 사람은 없다. "네가 스스로를 어떻게 생각하는지에 관심이 없어. 내가 보는 너를 그냥 너라고 부를 거야"라고 생각하는 사람을 간혹 만나기는 한다.

BBC는 성전환 수술을 한 후에 군대 복무를 지속할 수 없었던 한국 군인 변희수 하사에 대해 지속적인 관심을 보였다. BBC 뉴스는 첫 문장에서 변희수라는 이름을 언급한 이후에는 줄곧 She와 Ms. Byun으로 지칭했다. 변희수 하사가 스스로를 여성으로 규정했기 때문이다. 영국을 포함한 유럽 대부분의 나라와 호주, 뉴질랜드, 캐나다, 이스라엘, 볼리비아 등에서 트랜스젠더가 군복무를 할 수 있다. 영국에서는 2019년에 트랜스젠더 군인이 LGBT 활동을 인정받아 훈장을 받기도 했다. 나라마다 사정은 다르다. 다만 우리 사회가 개인의 정체성을 자신의 이미지가 아닌 타자의 이미지로 인식하려고 하는 것은 아닌지, 그 과정에서 불행이 잉태되고 있는 것은 아닌지 고민해볼 필요가 있다.

매년 7월에 런던에서는 런던 프라이드Pride in London 행사가 있다. LGBT가 런던 중심가에 모여 축제를 벌이는 행사다. 1972년부터 시작된 이 행사에 2019년에는 150만 명의 LGBT와 지지자가 모였다. 7월 첫째 주를 시작으로 한 달을 프라이드 달이라고 하여 각종 LGBT 행사가 열린다. 건물에는 LGBT를 상징하는 무지개 깃발이 날리고, 상점에는 무지개 인테리어가 등장하며, 주요 기업의 로고도 무지개로 변한다. 8월 첫째 주에 영국 남해안에서 브라이튼 프라이드가 개최되면서 프라이드 달이 마무리된다.

런던 프라이드와 노팅힐 카니발의 참가자는 런던 거리에서 온전한 자유를 느낀다. 그리고 소수가 자유를 느끼지 못하면, 다수가 느끼는 자유도 온전한 것이 되지 못한다는 깨달음도 얻는다.

에이미 와인하우스와 피시앤드칩스

영국을 대표하는 음식인 피시앤드칩스Fish and Chips는 영국의 북쪽으로 올라갈수록 맛있다고 한다. 런던에서 북쪽으로 올라가면서 먹어보면 실제로 그렇다. 여행이 길어지니까 피곤해서 모든 것이 맛있는 것일 수도 있다. 피시앤드칩스는 튀긴 대구, 감자칩, 완두콩이 같이 나오는 음식인데 대구를 반죽한 밀가루에 입혀서 튀기는 것이 일반적이다. 넓게는 생선 요리와 감자칩이 같이 나오면 피시앤드칩스라고 말할 수 있다.

피시앤드칩스는 왜 북쪽이 더 맛있을까? 날씨와 연관되었을 수도 있다. 어떤 이는 추울수록 맛있다고 하기도 하고, 어떤 이는 북쪽 지역이 튀기는 기술이 좋다고 말하기도 하지만 입증된 것은 없다. 영국 남부에서 북부로 올라가면서 먹는 피시앤드칩스는 함경도에서 백김치를 먹으면서 내려오다가 전라도에서 갓김치를 먹는 것에 비유할 수도 있다.

에이미 와인하우스Amy Winehouse는 많은 천재 가수들처럼 27세의 나이에 요절했다. 예전 내 차에는 CD가 딱 한 장 있었는데, 에이미 와인하우스 음반이었다. 우리 아이들은 에이미 와인하우스 음악을 지겹게 들으면서 자랐다. 〈Rehab(재활)〉, 〈Tears Dry on Their Own(눈물은 나름의 방식으로 마른다)〉, 〈Love is a Losing Game(사랑은 지는 게임)〉, 〈Stronger than Me(나보다 강한 사람)〉를 다 외우고 있다. 에이미 와인하우스는 런던의 캠든Camden 지역에서 살았고, 그곳에 동상도 있다.

에이미 와인하우스가 쓴 노래의 가사는 밝거나 낭만적이지 않은데 음악은 희한하게 흥겹다. 그녀의 감성은 다른 재즈 가수의 감성과는 다

일반적으로 튀긴 대구와 감자 칩이 나오는 음식을 피시앤드칩스라고 한다.

른 신비한 구석이 있다. 어떤 부분에서 〈Killing me softly with His Song〉을 부른 로버타 플랙Roberta Flack과 비슷하다고 느껴지기도 하는데, 하나하나 짚어보면 모든 면에서 대척점에 있다. 로버타 플랙은 둥글둥글하고 긍정적인데, 에이미 와인하우스는 날카롭고 부정적이다. 흑인의 소울과는 다른 에이미 와인하우스의 소울은 어디서 온 것일까?

에이미 와인하우스는 잘 알려져 있지 않지만, 유대인 부모 사이에서 태어났다. 어린 시절 유대교 주일학교를 다녔고, 자신이 유대인이라는 것을 자랑스러워했고, 가족끼리 유대 음식을 먹을 때 가장 행복해했다. 그러나 종교적 신념을 가지지는 않았다. 런던의 유대인 박물관에서 에이미 와인하우스를 주제로 한 전시회가 개최된 적도 있다. 그녀의 감성에 어떤 형태든 유대인의 정서가 녹아 있다고 볼 수 있다. 에이미 와인하우스의 고조할아버지가 벨라루스의 민스크 지역에서 영국으로 건너온 유대인이다.

유대인이라고 모두 같은 것은 아니다. 주요 계통으로는 아슈케나지

Ashkenazi, 미즈라히Mizrahi, 셰파디Shephardi가 있다. 독일과 동유럽 일대에서 살았던 유대인을 아슈케나지 유대인이라고 하는데, 전 세계적으로 1,000만 명 이상이 있다. 이스라엘을 비롯한 중동 일대에 살던 유대인을 미즈라히 유대인이라고 하며, 전 세계에 460만 명이 있다. 그리고 스페인, 포르투갈, 이베리아 반도 인접 지역에 살던 유대인을 셰파디 유대인이라고 하는데, 전 세계에 250만 명이 있다.

인류 역사상 최대 비극인 홀로코스트 피해자 대부분은 독일, 북유럽과 동유럽에 살던 아슈케나지 유대인이었다. 에이미 와인하우스도 아슈케나지 유대인이다. 영국 역사에서 유일한 유대인 총리였던 벤저민 디즈레일리Benjamin Disraeli는 이베리아 반도에서 온 셰파디 유대인에 가깝다. 디즈레일리도 에이미 와인하우스처럼 어린 시절 부모님을 따라 마지못해 유대교 생활을 했지만, 성인이 된 이후에는 종교 생활을 하지 않았다.

피시앤드칩스 이야기를 하다가 갑자기 유대인 이야기를 하는 이유는 피시앤드칩스가 유대인의 음식이기 때문이다. 유대인은 금요일 저녁부터 토요일 저녁까지를 안식의 시간Shabbat(샤바트)으로 삼아 일을 하지 않는다. 여기에서 일은 쟁기질하는 것, 씨 뿌리는 것, 바느질하는 것, 불을 켜는 것, 불을 끄는 것을 포함해 크게 39가지로 분류한다. 엘리베이터 버튼을 누르거나 전철에서 교통카드를 터치하는 것은 불을 켜거나 끄는 일에 해당한다. 샤바트를 지키는 직장인이나 학생은 금요일이면 일찍 집에 가야 한다. 해가 지면 전철이나 버스를 이용할 수 없기 때문이다.

유대인들은 샤바트 기간에 불을 켜서 음식을 만들 수가 없기 때문에 금요일 낮에 생선을 튀겨 놓았다가 금요일 저녁, 토요일 아침과 점심을 먹는다. 고기 튀김과 달리 생선 튀김은 차가운 상태에서도 맛있다. 튀긴 생선 요리는 어쩌면 차가울수록 더 맛있는지도 모른다. 내 기억 속에도 제사 음식이었던 명태전은 다음 날 차가운 상태에서도 맛있었다.

영국 학교에서는 금요일을 피시 프라이데이Fish Friday라고 해, 급식은 거의 항상 피시앤드칩스다. 예전에 기독교인은 예수님이 돌아가신 날인 금요일에는 피가 묻은 붉은색 고기를 기피했고, 대신에 채소와 흰살 생선을 먹었다. 그런 풍습과 유대인에 의해 전래된 음식이 결합해 금요일 학교 급식은 피시앤드칩스가 되었다. 유대인 학생들은 어쩌면 금요일 점심부터 토요일 점심까지 계속 피시앤드칩스만 먹는 것은 아닐까?

런던의 클래식 공연과 BBC 프롬

2008년에 MBC에서 〈베토벤 바이러스〉라는 드라마가 방송된 적이 있다. 드라마 후반부에서 베토벤 9번 교향곡 〈합창〉이 연주되는 장면은 오랫동안 기억에 남았다. 극의 여주인공은 베토벤처럼 귀가 들리지 않는 상황에서 바이올린을 연주하고, 합창단은 우여곡절 끝에 〈합창〉이 시작되는 부분에서 공연에 합류했다. 언젠가는 〈합창〉을 직접 관람하고 싶었다. 학교 오케스트라의 연주도 괜찮고, 동네 합창단 공연도 괜찮을 것 같았다. 누가 연주해도 좋고, 누가 불러도 좋은 곡처럼 보였다. 노래방에서 누가 불러도 좋은 이선희의 〈아름다운 강산〉처럼.

런던에는 동네마다 아마추어 오케스트라와 합창단이 있다. 아내는 덜위치 합창단Dulwich Choral Society에서 매주 노래 연습을 하고, 1년에 네 번 공연한다. 노년과 중년층이 주축이지만 젊은이도 있고, 음악 전공자도 있고, 현역으로 활동하는 프로들도 있다. 음악도 배우고, 다양한 사람과 교류도 할 수 있어서 좋다.

런던에는 세계 최고의 클래식 공연이 매일같이 열린다. 클래식 애호가는 티켓 판매가 시작되기를 기다렸다가 앞다투어 예매하고, 몇 개월씩 기다렸다가 관람하고, 동네 오케스트라와 합창단에서 공연에 대해 이야기를 나눈다. 예매를 하지 않아도 가끔은 좋은 공연을 볼 수 있는 기회가 온다. 마니아들이 6개월 전에 예약한 공연을 개인적 사정으로 취소하는 경우가 생기기 때문이다. 이런 것이 런던 라이프의 재미 중의 하나다.

클래식 애호가인 친구가 급하게 출장을 가는 바람에 내게 공짜 공연표가 생겼다. 바비칸 센터Babican Center에서 사이먼 래틀Simon Rattle이 지휘하고 런던 심포니 오케스트라LSO와 런던 심포니 합창단LSC이 함께하는 베토벤 교향곡 9번 〈합창〉 공연이었다. 베를린 필하모니 오케스트라를 15년간 지휘하고 런던 심포니 오케스트라로 옮긴 사이먼 래틀의 공연을 볼 수 있는 것도 행운인데, 그게 마침 베토벤의 〈합창〉이었다. 100명의 오케스트라 단원과 140명의 합창단원이 참여하는 성

세계 최대 클래식 축제 BBC 프롬 클래식 공연장

대한 공연이었다. 합창이 시작되는 클라이맥스에서의 감동은 드라마 〈베토벤 바이러스〉의 클라이맥스가 준 감동에 비할 바가 아니었다.

베토벤 탄생 250주년을 기념하는 공연이었다. 베토벤은 살아생전뿐 아니라 사후에도 많은 사랑을 받았다. 자신 이외에 다른 음악가를 칭찬한 적이 없는 모차르트Wolfgang Amadeus Mozart가 젊은 베토벤의 음악을 듣고 그를 인정했다. 음악 문외한이었고 음악 파괴자였던 스탈린이 유일하게 좋아했던 클래식 음악가도 베토벤이었다. 어릴 적에 천연두를 앓았던 베토벤은 얼굴에 천연두 자국이 평생 남아 있었으며, 청력에 이상을 느낀 것도 어릴 적 앓았던 천연두의 후유증인 것으로 추정된다. 인류 최초의 백신인 천연두 백신이 개발될 즈음에 베토벤은 청력에 이상을 느끼기 시작했다.

매일같이 수준 높은 공연이 펼쳐지는 바비칸 센터 주변의 야경

베토벤 탄생 250주년인 2020년에 BBC 프롬이 열렸다면 베토벤 음악이 많이 연주되었을 것이지만 코로나 탓에 열리지 못했다. BBC 프롬은 한여름 8주 동안 하루도 빠짐없이 최고 수준의 클래식 공연을 선보인다. 모든 공연을 BBC 라디오를 통해 생중계하는 클래식 페스티벌이다. 오케스트라와 음악가가 세계적인 수준인가 아닌가를 판단해보는 가장 쉬운 방법이 BBC 프롬 무대에서 연주한 경험이 있는가 여부다. 한국 음악가 중에서는 정명훈, 정경화, 조성진, 서울시립교향악단이 BBC 프롬 무대를 밟아보았다.

프롬은 로열 앨버트 홀Royal Albert Hall에서 주로 진행된다. 로열 앨버트 홀이 발행할 수 있는 티켓은 좌석표 5,400장, 입석표 1,500장인데 런던의 클래식 애호가를 만족시키기에는 충분한 규모다. 75차례의 공연이 진행되는 동안 입장하는 관람객 수는 30만 명이 넘는다. 최고의 오케스트라와 솔리스트 공연 티켓을 단돈 7,000원에 구입할 수 있으니 거의 공짜에 가깝다. 입석표를 가지고 있는 관객은 공연 중에 바닥에 앉을 수도 있고, 서 있을 수도 있으며, 몸을 흔들거나 춤을 출 수도 있다. BBC 프롬은 '세상에서 가장 크고 가장 민주적인 클래식 음악 페스티벌'이다.

프롬이라는 단어는 가로수를 뜻하는 프로미나드promenade에서 온 말이다. 격식 있는 클래식 공연이 일상으로 다가왔다는 의미를 담고 있다. 프롬의 마지막 공연은 로열 앨버트 홀과 하이드 파크에서 동시에 진행된다. 영국식 공원에서 영국인이 좋아하는 음악을 영국 스타일로 연주하면서 8주간의 75차례 공연이 마무리된다.

영국식 정원과 프랑스식 정원의 차이

창덕궁에 있는 비원에서 가이드로부터 재미있는 이야기를 들었다. 한국을 찾는 일본 관광객들이 비원을 방문할 때 무척 기대를 한다고 한다. 왕실 정원인 데다 비밀의 정원이라니 기대하지 않을 수가 없을 것이다. 하지만 많은 일본인들이 비원을 둘러보고는 이렇게 묻는다고 한다. "대체 비원은 어디 있는 거죠?" 일본인이 생각하는 정원과 한국인이 생각하는 정원은 차이가 크다.

유럽의 정원은 크게 프랑스식 정원과 영국식 정원으로 나눌 수 있다. 프랑스식 정원을 격식 정원formal garden, 영국식 정원을 비격식 정원informal garden이라고 부른다. 프랑스식 정원의 특징은 기하학적 배치다. 대칭과 패턴을 중시하며, 잘 관리된 정돈미가 생명이다. 깎고 다듬고 쓸고 닦는 것이 중요하다. 베르사유 궁전 정원이 대표적인 프랑스식 정원이다.

그에 비해서 영국식 정원은 다듬어지지 않은 자연스러움을 중시한다. 야생의 아름다움에 로맨틱한 포인트를 살려주는 것이 영국식 정원이다. 프랑스식 정원에 비해 영국식 정원은 엄격하게 관리해주지 않아도 아름다움을 유지할 수 있다는 장점이 있다. 물론 자연주의 정원이라고 해서 그냥 내버려두면 망가지는 것은 한순간이다. 영화 〈시크릿 가든〉의 초반부에 나오는 버려진 정원처럼 된다.

이러한 차이는 어디에서 온 것일까? 정원에는 역사와 철학이 모두 담겨 있다. 프랑스 여행을 다녀온 사람은 프랑스 궁전의 웅장함과 화

프랑스식 격식 정원(베르사유 궁전의 정원)과 영국식 비격식 정원(스토우헤드 정원)

려함에 놀란다. 프랑스의 절대 왕정은 웅장하고 화려하며, 강렬한 모습을 통해 권력의 지엄함을 보여주려고 했다. 에펠탑 역시 권력의 지엄함을 상징한다. 반면에 영국 궁전은 웅장하거나 화려하지 않으며, 검소하고 투박하다. 주변과 조화를 중시할 뿐 위용을 과시할 목적으로 지어지지 않았다. 이러한 차이가 정원에도 그대로 드러난다.

영국식 정원의 형성에 가장 큰 영향을 끼친 사람은 랜슬롯 브라운Lancelot Brown이다. 그는 영국 각지에 170개의 자연주의 정원을 만들었고, 1764년에는 조지 3세George III에 의해 햄프턴 코트 궁전Hampton Court Palace의 책임 정원사가 되었다. 그의 자연주의 정원은 당시의 시대 상황과 잘 맞았다. 산업혁명에 지친 영국인은 자연 속의 낭만을 추구하게 되었다. 음악과 미술에 나타난 낭만주의 사조가 정원에도 그대로 나타났다. 영국인은 야생의 아름다움에 관심을 가지게 되었고, 자연을 자신의 집에 들여놓고 싶어 했다.

랜슬롯 브라운은 능력자 브라운Capability Brown이라고 불렸다. 그가 저택의 정원을 자연주의식으로 바꾸면 집과 건물의 가치가 크게 올라갔기 때문이다. 그는 1772년에 어느 귀족의 정원을 바꾸어주었는데, 완성된 정원을 본 귀족의 반응이 비원을 본 일본인 반응과 같았다. "이건 자연 그대로잖아? 도대체 무엇을 했는데 돈을 받아가는 거야?" 그러나 아무것도 하지 않은 듯한 그의 정원 관리로 인해 부동산 가치는 크게 올랐다.

자연을 바라보는 시각의 차이가 프랑스식 정원과 영국식 정원에 나타난다. 프랑스식 정원에는 자연에 대한 인간의 우위, 자연에 대한 인간의 지배력이 드러난다. 영국식 정원은 반대다. 인간에 대한 자연의 우위, 인간에 대한 자연의 지배력이 드러난다. 프랑스식 정원에 인간의 의지와 창의력이 나타난다면, 영국식 정원에는 인간의 한계와 유한성이 나타난다.

영국 왕립식물원 큐 가든

한국의 유명 정원사가 런던에 와서 해준 이야기가 있다. "가드닝에 관해 몇 년을 공부하는 것보다 큐 가든Kew Gardens을 한 번 가보는 것이 낫다." 큐 가든은 영국의 왕립식물원이다. 코로나로 인한 록다운 때에 가장 가보고 싶었던 곳이 큐 가든이었다.

1차 코로나 록다운이 끝나자마자 리치몬드 공원에 갔다가 가까이에 있는 큐 가든에 들렀다. 넓은 길을 따라 펼쳐지는 꽃의 색깔과 모양은 자연미 그 자체였다. 어떻게 이런 색과 모양, 배치가 나올까? 색과 모양은 하늘과 자연의 작품이지만, 저 배치는 인간의 작품이 아닌가? 자연과 인간의 조화로 만들어낸 영국식 정원을 카메라에 담기 위해 연신 셔터를 눌러보지만, 흐린 날씨 탓에 원하는 사진은 나오지 않는다. 날씨 탓이 아니다. 극적으로 발전한 스마트폰 카메라 기술에도 불구하고, 카메라가 담을 수 있는 것이 눈으로 볼 수 있는 것의 100분의 1도 되지 못하는 것 같았다.

타원형 화단에는 100여 개쯤 되어 보이는 줄기들이 솟아올라, 중간쯤에서는 하트나 긴 혓바닥 모양의 잎사귀로 벌어지고, 끄트머리에선 색색가지 형상의 표면에 더해진 빨강, 파랑, 혹은 노랑의 꽃잎이 펼쳐졌다.

버지니아 울프가 1927년에 쓴 〈큐 가든〉이라는 단편 소설의 첫 구절이다. 카메라가 빛을 모두 담지 못하듯이, 버니지아 울프의 묘사도 색을 온전히 표현하지 못했다. 큐 가든의 색을 빨강, 파랑, 노랑의 꽃잎이라고 묘사하다니, 모토롤라 2G 폰으로 정원의 사진을 찍은 느낌이다. 꽃잎이 시간이 지나면서 더 많은 색을 가지게 되었는가? 색을 표현하는 단어가 1927년에는 빨강, 파랑, 노랑밖에 없었는가? 아니면 버지니아 울프가 글쓰기 솜씨가 좋아지기 전의 작품인 것일까?

큐 가든은 1759년 조지 3세의 어머니인 어거스타 공주Princess Augusta가 정원을 조성하면서 시작되었다. 1771년부터 식물 채집을 위해 영국의 채집가들이 전 세계를 항해하며 다녔다. 영국식 정원의 창시자라고 할 수 있는 랜슬롯 브라운은 큐 가든의 책임 정원사가 되고 싶었지만 뜻을 이루지 못했다. 전 세계에서 가장 크고, 가장 많은 식물을 보유하고 있는 큐 가든은 정원사에게는 꿈과 같은 곳이다. 현재는 121만 제곱미터의 부지에 5만 종이 넘는 식물을 보유하고 있고, 식물 개체 수는 800만 개가 넘는다. 큐 가든을 관리하는 직원의 수는 1,100명이다.

큐 가든에 있는 5만 종의 식물 중에 눈에 띄는 것 하나가 위스테리아Wisteria(등나무)다. 영국의 정원과 담벼락의 단골손님인 위스테리아

영국 정원과 담벼락의 단골손님
위스테리아

는 한국, 일본, 중국에서 자란 나무로 4월과 5월에 파스텔톤의 자주색 꽃을 피운다. 영국에서는 등나무를 크게 중국 등나무Chinese Wisteria와 일본 등나무Japanese Wisteria 두 종류로 나눈다. 차이를 찾자면, 일본 등나무는 시계 방향으로 줄기를 뻗고, 중국 등나무는 시계 반대 방향으로 줄기를 뻗는다.

등나무가 영국에 처음 온 것은 1816년이다. 홍차 전문가였던 존 리브스John Reeves가 중국의 광저우에서 가져왔다. 영국에 도착한 등나무가 처음으로 꽃을 피운 해는 1819년인데, 꽃이 피자마자 영국인을 순식간에 사로잡았다. 등나무가 영국 전역으로 퍼지는 데는 15년도 채 걸리지 않았다.

우리나라에도 식물 분류상의 소위 말하는 중국 등나무와 일본 등나무가 모두 서식했다. 예로부터 우리나라의 등나무는 쓰임새가 많았다. 등나무 줄기로 지팡이를 만들었고, 가지로는 바구니를 만들었으며, 껍질은 종이의 재료로 활용했다.

런던은 전 세계 대도시 중 유일하게 아파트보다 주택이 더 많은 도시다. 땅은 한정되고, 집이 땅을 가져야 하니 서로 다닥다닥 붙을 수밖에 없다. 이런 집 형태를 테라스 하우스라고 한다. 안쪽으로 자신만의 정원을 조금이라도 더 확보하기 위해서 집 출입문을 길에 바짝 배치한다. 대부분의 집에는 별도의 대문이 없고 현관문만 있다. 총리가 사는 다우닝 10번지나 11번지도 마찬가지다. 좁은 정원에 다양한 나무와 꽃을 심는 것은 한계가 있다. 그래서 담벼락을 타고 오르는 덩굴나무를 활용해 정원을 넓게 활용하는 효과를 낸다. 영국인의 70퍼센트가 자신을 정원사라고 생각하며, 정원사는 자신만의 정원 관리에 자존심을 건다. 금요일 저녁에 헤어질 때 '좋은 주말 보내!' 대신에 '좋은 가드닝 시간을 가져!'라는 인사말을 주고받기도 한다.

큐 가든 내에는 그린 하우스, 박물관, 궁전이 있다. 볼 것도 많고 걸어야 하는 길도 길다. 힘들면 나무 아래 있는 긴 의자에서 휴식을 취할 수도 있다. 모든 의자는 예외 없이 누군가를 기리는 표식이 되어 있다. 사랑하는 사람이 죽었을 때, 그를 기리는 벤치를 공원에 만들고 생각날 때마다 벤치를 찾아온다. 벤치에 앉아서 책을 읽거나 차를 마시는 것만큼

고인을 기리는 멋진 방법은 없다고 생각한다. 버지니아 울프는 〈큐 가든〉에서 "남녀가 나무 밑에 누워 있는 공원에 오면, 누구나 지난날 생각이 나는 법이다"라고 말했다.

UNITED KINGDOM

11장

영국인은 왜 로열패밀리를 사랑하는가?

여왕의 하루와 애프터눈 티

여왕은 창문 밖에서 울리는 백파이프bagpipe 소리에 잠에서 깨어난다. 연주가 시작된 것은 빅토리아 여왕Queen Victoria 시절인 1843년이다. 스코틀랜드의 하이랜드에서 처음으로 백파이프 연주를 들은 여왕이 백파이퍼를 궁전에 고용했다. 빅토리아 여왕은 왕실 백파이프 연주자인 윌리엄 로즈William Rose와 친하게 지냈다. 엘리자베스 2세 여왕이 영국 내에서 움직일 때는 연주자도 동행하여 아침마다 여왕의 침실 창가에서 백파이프를 연주한다.

여왕은 9시부터 공식 업무를 시작한다. 붉은 상자에 담겨 오는 정부 문서를 통해 의회와 정부에서 일어나는 일을 확인한다. 그와 별도로 총

영국 여왕도 매일 마신다는 애프터눈 티에는
차와 함께 비스킷이나 샌드위치 등이 제공된다.

리로부터 일주일에 한 번 업무 보고를 받는다. 필요한 경우에 궁전 직원, 왕실 가족, 외교관, 성직자, 판사, 군대 지도자 등과 만나며, 미팅은 보통 20분을 넘지 않는다.

엘리자베스 2세 여왕은 재위 기간 10만 건의 전보를 보냈으며, 캐나다를 23번, 호주를 15번, 뉴질랜드를 10번, 자메이카를 6번 방문했다. 여왕은 여권도 없고 자동차 면허증도 없다. 운전병으로 전쟁에 참여했던 여왕은 직접 운전하기도 하는데, 영국에서 면허증 없이 운전할 수 있는 유일한 존재다. 여왕의 차는 번호판도 없다.

여왕은 매일 오후에 애프터눈 티를 마신다. 애프터눈 티에는 차와 함께 스콘scone, 스코티시 숏브레드Scottish shortbread, 비스킷, 샌드위치, 케이크, 과일, 꿀, 잼, 크림clotted cream이 나온다. 샌드위치는 두 손가락으로 집을 수 있을 만큼 작아야 하며, 식빵의 딱딱한 겉 부분은 잘라내야 한다.

영국에서는 스콘에 잼과 크림을 바를 때 어느 것을 먼저 발라야 하느냐에 대한 논쟁이 있다. 탕수육에 소스를 부어 먹느냐, 찍어 먹느냐는 논쟁과 같은 것이다. 여왕은 잼을 먼저 바른다. 여왕의 애프터눈 티는 화려하지는 않으며, 일반 카페나 호텔에서 볼 수 있는 수준과 비슷하거나 그보다 더 검소한 편이라고 한다.

여왕이 좋아하는 차는 인도산 아삼과 얼그레이다. 트와이닝스Twinings 사는 1837년부터 왕실에 차를 납품하고 있으며, 여왕은 트와이닝스 사의 얼그레이를 좋아한다. 왕실 규칙에 따르면 홍차에 우유를 넣을 때는 반드시 홍차를 먼저 따르고, 다음에 우유를 섞는다. 홍차에 우유를 넣고 티스푼으로 저을 때는 원을 그리며 젓지 않고, 앞뒤로 움직여 젓는다. 저을 때는 스푼과 찻잔이 부딪쳐서는 안 된다. 차를 마실 때는 한 모금씩 소리 내지 않고 마셔야 한다. 이것이 영국의 다도다.

여왕은 어릴 적부터 동물을 좋아했다. 여왕이 좋아하는 반려견은 웰시코기이며, 여왕이 반려견을 직접 산책시킨다. 코기와 닥스훈트를 교배해 도기Dorgi라는 종을 만들기도 했다. 여왕은 말타기를 좋아해 93세의 나이에도 아직 말을 타며, 말을 기르고 돌보는 것은 물론 직접 경마대회를 개최하기도 한다.

로열 에스콧, 여왕을 가장 가까이에서 볼 수 있는 장소

여왕이 개최하는 경마대회인 로열 에스콧은 왕실 행사 중에 가장 크고 화려하다. 윈저 캐슬 근처 에스콧 경마장에서 6월 셋째 주 화요일부터 토요일까지 5일간 진행된다. 30만 명의 관람객이 자신만의 드레스, 수트와 모자를 쓰고 방문한다. 에스콧에 가기 위해서 워털루 역에 도착하면 화려한 의상의 신사숙녀로 북적이고, 기차 안은 로열 에스콧에 가는 사람들의 수다로 시끄럽다.

차창 밖으로 한가하고 평범한 시골 마을이 보인다. 영국과 가까운 프랑스나 벨기에 시골과 달리 영국의 시골은 농지보다는 초지가 많다. 산업혁명 초기에 섬유 산업이 발달하면서 농사를 짓는 사람보다 양을 키우는 사람이 많았기 때문이다. 밀농사를 짓는 시골에는 울타리가 없지만, 양을 키우기 위해서는 울타리가 필요했다. 울타리를 세우는 인클로저Enclosure 운동이 시작되면서 농민이 차지하고 있던 곳을 양 떼가 차지하게 되었다. 소위 말하는 '양이 사람을 먹는 현상'이 나타나게 된 것이다. 농민은 도시로 가서 산업화 시대 공장 노동자가 되었다.

지금은 섬유 공장이 해외로 이전하면서 산업혁명 초기처럼 많은 양을 키울 필요가 없어졌다. 초지의 일부는 다시 농지가 되었지만, 대부분은 초지로 남겨졌고, 일부는 공원이 되었으며, 일부는 풀을 짧게 깎고 중간중간 구멍을 뚫어 골프장이 되었다. 그래서 잉글랜드에 2,270개, 스코틀랜드에 614개, 웨일스에 186개, 아일랜드에 494개의 골프 코스가 있다. 런던 외곽 순환도로(M25) 안에만 200개가 넘는 골프 코스가 있다. 영국은 골프 코스가 차지하고 있는 대지 면적이 주거 시설이 차지하고 있는 대지 면적보다 크다. 골프 코스 이외에도 곳곳에 공원이나 운동장, 경마장이 들어섰다. 영국에는 전국적으로 300개의 경마장이 있다.

1711년 앤 여왕Queen Anne은 윈저 캐슬 근처인 에스콧에 경마장을 건립했고, 경마대회를 개최했다. 경마의 유래는 영국 왕실이다. 경주마를 대표하는 품종인 잉글리시 서로브레드English Thoroughbred도 영국 왕실의 주도로 탄생했다. 햄프턴 코트에 가보면 가장 전망 좋은 곳이 게임방이다. 당시 궁전에서는 카드놀이, 주사위놀이가 성행했다. 지금도 햄프턴 코트를 방문하면 의자에 앉아서 카드놀이를 할 수 있다. 궁전 안에서 오리 및 토끼 경주도 열었다. 왕족, 귀족, 왕실 근무자 등이 베팅에 열광했다. 동인도 회사에 대한 투자도, 주식 거래도 도박장에서 일어났다. 동인도 회사의 거품이 빠지면서 왕실 멤버를 포함한 많은 투자자가 곤궁에 빠지기도 했다. 런던이 금융의 중심이 될 수 있었던 것도 왕실의 도박 사랑 때문일지 모른다. 오늘날 영국에서 상위 열 명의 고액 납세자 중 절반 이상이 스포츠 베팅 회사를 운영하는 기업인이다.

과천에 있는 경마장에 몇 차례 가본 적이 있다. 스탠드마다 베팅에 몰두하는 사람들의 충혈된 눈빛을 볼 수 있었다. 환급률이 70퍼센트로 낮은 우리나라 경마는 내가 본 도박 중에 최악이다. 장외 발매소도 마찬가지다. 시끄러운 아우성과 한탄이 자욱했다. 노동자의 일주일 벌이를 빼앗아가는 한국마사회는 예술의 전당 클래식 공연을 후원하고 있었다. 우울하고 모순덩어리인 스포츠라는 인식을 가지고 있는 경마의 기원을 찾아 로열 에스콧을 찾았다.

로열 에스콧 첫날 첫 경주는 앤 여왕배 경주Queen Anne stakes다. 5일에 걸쳐 역대 왕의 이름으로 경주가 열리고, 마지막 날 엘리자베스 2세를 기리는 다이아몬드 주빌리 경주Diamond Jubilee Stakes가 열린다. 총 30경주가 개최된다. 그렇다고 두바이 월드컵 경마대회처럼 한 경주에 100억 원이 넘는 상금이 걸리는 것은 아니다. 상금 규모로 보면, 앤 여왕 경주와 다이아몬드 주빌리 경주가 9억 원, 웨일스 공작Duke of Wales Stakes 경주가 11억 원 정도다.

로열 에스콧의 묘미 중에 하나는 관람객의 패션이다. 경마장에는 네 개의 관람석이 있다. 로열 인클로저Royal Enclosure, 퀸 앤 인클로저Queen Anne Enclosure, 빌리지 인클로저Village Enclosure, 윈저 인클로저Windsor Enclosure가 있다. 각각의 관람석에는 고유한 드레스 코드가 있다. 로열

로열 에스콧에 등장하는 엘리자베스 2세 여왕

인클로저에는 왕실, 귀족, 왕실 초대 손님과 경마 관련 저명인사가 입장할 수 있다. 이곳에서 남자는 연미복과 검은색 또는 회색의 탑 모자를 착용해야 한다. 여자는 끈이 있는 긴 드레스와 챙이 10센티미터 이상 되는 모자를 착용해야 한다. 퀸 앤 인클로저는 77파운드짜리 입장권을 사면 누구나 입장할 수 있다. 남자는 넥타이와 함께 양복을 입으면 되는데, 위아래가 한 벌이어야 한다. 여자는 복잡한 드레스 코드를 따르는 드레스를 입어야 하며, 챙이 길 필요는 없지만 반드시 모자를 착용해야 한다. 바지도 허용되지만 드레스 코드에 부합해야 한다. 빌리지 인클로저는 남자의 경우 콤비를 입어도 된다. 퀸 앤 인클로저의 드레스 코드와 비슷하면서도 차이가 있다. 로열 에스콧에 가기 전에는 주최 측에서 제공하는 드레스 코드 북을 자세히 읽어봐야 한다. 윈저 인클로저는 37파운드에 입장할 수 있다. 남자는 콤비도 가능하며, 여성은 어느 형태든 드레스와 모자를 착용하면 된다.

여왕의 등장은 로열 에스콧 행사의 하이라이트다. 여왕과 왕실 멤버가 매일같이 경주 시작에 맞추어 마차를 타고 윈저 캐슬에서 출발해 에스콧에 등장한다. 여왕이 등장할 때 〈신이여 여왕을 구하소서God Save the Queen〉 곡이 연주되고, 관객들이 노래를 따라 부르면 여왕은 수줍은 표정을 지으며 손을 흔든다. 여왕이 탄 마차는 관객으로부터 2미터 정도 떨어져서 지나가는데, 여왕을 가까이에서 본 관객은 큰 위안을 느끼는 것처럼 보인다.

공동체의 슬픔과 여왕의 위로

엘리자베스 2세 여왕은 나라가 중대한 위기를 맞을 때마다 국민을 위로하기 위해 TV에 나와 담화문을 발표한다. 전쟁이나 코로나 사태와 같은 위기의 순간에 여왕이 느끼는 왕관의 무게를 우리는 알지 못한다. 선거로 뽑히는 지도자가 느끼는 책임의 무게와 여왕이 가지는 책임의 무게는 다를 것이다. 넷플릭스 드라마인 〈더 크라운The Crown〉을 통해 왕관의 무게를 조금은 짐작해볼 수 있다.

엘리자베스 여왕은 재위 기간에 윈스턴 처칠에서부터 보리스 존슨까지 열네 명의 총리와 일을 했다. 1964년 총선에서 노동당이 승리하고, 해럴드 윌슨Harold Wilson이 총리가 되었다. 보수당과 보수 언론은 윌슨이 소련의 스파이라는 색깔론을 펼쳤다. 1960년대는 그런 시대였다. 여왕도 처음에는 거리를 두었지만, 해럴드 윌슨의 진심에 점차 마음을 열었다. 여왕은 함께했던 총리 중에 가장 좋아하는 사람으로 해럴드 윌슨을 꼽고 있다.

1966년 웨일스의 에버판Aberfan에서 산사태가 발생하며 탄광이 붕괴되었다. 무너진 흙더미가 학교와 마을을 덮쳐서 아이들 116명과 어른 28명이 목숨을 잃었다. 윌슨 총리는 여왕에게 현장에 가서 주민을 위로해줄 것을 부탁했으나, 여왕은 가려고 하지 않았다.

"내가 정확히 무엇을 하기를 바라는 것이죠?"
"글쎄요. 국민을 위로하시기를 바랍니다."
"쇼를 하라고요? 여왕은 그런 걸 하지 않아요."
"누가 쇼를 하시라고 했죠? 국민을 위로하시라고 했습니다."

여왕은 총리의 말을 듣지 않았다. 대신에 여왕의 남편인 필립 에든버러 공작Duke of Edinburgh이 사건 현장을 방문했다. 사건 현장을 다녀온 남편의 권유에도 불구하고 여왕은 한참이 지난 후에야 에버판 현장을 찾았다. 여왕의 방문은 주민에게 큰 위로가 되었고, '주민을 위로하라'는 말의 의미를 여왕은 뒤늦게 깨달았다. 여왕은 69년의 재위 기간 중에 가장 후회되는 순간이 에버판 현장을 바로 찾지 않았던 것이라고 말했다.

사람들은 어려운 순간에 의지할 지도자를 찾는다. 총리와 왕을 동시에 가진 국민은 의지할 지도자가 둘이 있는 셈이다. 물론 총리와 왕이 사랑받고 있을 때에 해당하는 말이다. 여왕을 만나서 위로를 받는 것은 여왕에게는 자신을 위로할 권위가 있다고 믿기 때문이다.

"영국인은 왜 여왕을 사랑하고, 로열 패밀리를 좋아하느냐?"라는 질문에 어느 20대 젊은 여성은 이렇게 답했다. "사랑한다기보다는 보고 싶다는 말이 더 적합할 거예요. 그들을 볼 때마다 왠지 나 자신이 격조와 품격이 있어 보이는 느낌을 받거든요. 여왕이나 왕실로 인해 우리가 통합되어 있음을 느끼죠. 여왕이 없다면 우리는 외롭다고 느낄 거예요. 실제로 여왕이 없는 나라를 볼 때, 저들은 외롭지 않을까라는 생각을 은연중에 가지게 됩니다."

그렇다면 여왕은 현대 사회에 어떤 의미를 가질까? 이 질문에 어느 50대 영국인은 이렇게 답했다. "여왕은 돈과 권력의 무례함으로부터 우리를 보호하는 의미를 가집니다. 여왕은 돈으로는 살 수 없고, 가질 수 없는 가치가 있다는 것을 보여줍니다. 무소불위의 권력을 휘두르는 러시아의 푸틴Vladimir Putin도 여왕 앞에서 얌전하게 영어로 말하려고 노력했으며, 모두에게 무례하다는 평가를 받는 트럼프 대통령도 여왕에게 예의를 다했죠. 여왕은 다양한 방식으로 우리를 위로합니다."

이 책의 원래 제목은 이렇게 길었다. "여왕은 위로하고, 권력은 겸손하며, 개인은 자유롭다."

호칭의 중요성, '나를 무엇이라고 부르는가?'

앞에서 언급했던 넷플릭스 드라마 〈더 크라운〉에 보면 엘리자베스 2세 여왕이 케네디 대통령 부부를 만날 때, 신경 쓰는 모습이 나온다. 엘리자베스 여왕과 케네디 부부는 1961년 6월에 만났다. 만난 이후에 케네디 부부가 자신을 어떻게 생각하는지를 여왕은 궁금해했다. 하지만 케네디 부부는 여왕을 처음 만날 때 지켜야 하는 의전 프로토콜을 지키지 못했다.

여왕을 만날 때 처음에는 유어 마제스티Your Majesty라고 부르고, 그다음부터는 맴Ma'am이라고 불러야 한다. 여왕의 남편이나 로열패밀리를 만날 때는 유어 로열 하이니스Your Royal Highness라고 부르고, 그다음에는 남성의 경우에는 '서Sir', 여성의 경우에는 '맴'이라고 부른다. 재클린 케네디는 여왕에게 유어 마제스티라고 제대로 말했지만, 필립 공에게 유어 로열 마제스티Your Royal Majesty라고 말했다. 케네디는 여왕에게 유어 마제스티, 남편에게 유어 그레이스Your Grace라고 했다.

전통을 중시하는 사회에서는 호칭도 중시한다. 한국의 학교에서는 교사를 선생님이라고 부르고, 대학에서는 교수님이라고 부른다. 대학에서 교수님을 선생님으로 불렀다고 화를 낸 교수도 있다. 내가 대학을 다니던 시절에는 교수님들이 스스로를 '선생님'으로 불러달라고 했다. 개인적으로도 선생님이라는 호칭이 가장 명예로운 것이라고 생각한다.

영국의 학교에서는 남자 선생님을 서Sir라고 부르고, 여자 선생님을 결혼 여부와 상관없이 미스Miss라고 부른다. 영국 사립학교가 시작되던 500~600년 전에는 귀족 가문의 학생들이 중산층 선생님을 무시하는 일이 종종 벌어지곤 했다. 그것을 방지하기 위해서 선생님을 무조건 'Sir'라고 부르게 했다. 당시 선생님은 거의 남자였다. Sir에 대응하는 여성의 호칭은 Madam 또는 Ma'am인데, 유독 여자 선생님은 Miss라고 칭한다.

큰아이의 학교인 시티오브런던City of London 스쿨에서는 자신을 Sir라고 부르지 말고, Mr라고 불러달라고 부탁하는 선생님이 있다. 12학년이나 13학년을 가르치는 선생님 중에는 학생에게 자신의 이름을 부르도록 하는 선생님도 있다. 대학교에서는 프로페서, 닥터 등의 호칭이 주로 쓰이지만, 젊은 교수나 강사 중에는 자신의 이름을 불러달라고 하는 이들도 종종 있다.

선생님을 Sir나 Miss로 부를 때는 뒤에 이름을 연결시키지 않는다. Sir는 왕으로부터 기사 작위를 받은 사람을 부르는 칭호다. 기사 작위는 알렉스 퍼거슨Alex Ferguson, 폴 매카트니Paul McCartney, 알렉산더 플레밍Alexander Fleming, 팀 버너스리Tim Berners-lee와 같이 영국을 빛낸 사람들에게 주어진다. 기사 작위를 받은 사람들을 부를 때는 'Sir 알렉스 퍼거슨' 하고 부르지만, 선생님을 부를 때는 그냥 Sir라고만 하지 'Sir 퍼거슨'이라고 부르지는 않는다. 선생님이 여러 명 있어서 Sir라고 하면 누구를 부르는 것인지 알 수 없을 때는 'Mr 퍼거슨'이라고 부른다.

반면 러시아에서는 호칭이 간단하다. 대부분 이름으로만 부르고, 친할 경우 이름의 애칭으로 부른다. 높여 부를 때는 이름과 부칭을 연결해서 부른다. 선생님을 부르거나 대통령을 부르거나 마찬가지다. 푸틴을 부를 때 블라디미르 블라디미로비치로 부른다. 작곡가 쇼스타코비치도 스탈린을 이오시프 비사리오노비치라고 불렀다. 어떤 타이틀도 필요하지 않다.

한국 사람은 대체로 사회적 지위를 나타내는 타이틀을 붙여서 부르는 것을 선호한다. 김 회장님, 고 사장님, 박 대표님처럼 말이다. 카자흐스탄과 러시아에서 나는 유리, 유라(유리의 애칭), 미스터 윤, 가스파진(미스터에 해당하는 러시아어) 윤, Sir 등으로 불렸다. 제일 좋아하는 호칭은 윤 대표였다. 무엇을 대표한다는 의미가 좋았다. 다음으로 좋았던 호칭은 미스터 윤이었다. 나를 처음으로 Sir라고 불러준 사람은 인도인이었다. 그는 과하다 싶을 정도로 Sir라는 표현을 자주 썼는데, 듣기에 썩 좋지는 않았다. 그래도 길을 가다가 뒤에서 누군가 Sir라고 부르면 날 부르는 것이 아닐수도 있지만, 뒤는 꼭 돌아본다.

영국 사회에는 여왕으로부터 기사 작위를 받고, 이름 앞에 Sir가 붙는 것을 삶의 목표로 생각하는 사람들이 의외로 많다.

케임브리지 공작부인, 케이트 미들턴

영국에 온 지 얼마 지나지 않았을 때, 집 앞의 패딩턴 레크리에이션 그라운드Paddington recreation ground에 사람들이 몰려 있었고, 저마다 누군

월리엄 왕세손의 아내 케이트 미들턴
케임브리지 공작부인

가의 사진을 찍느라 여념이 없었다. '저 여인이 누구냐?'고 물으니 '케임브리지 공작부인Duchess of Cambridge'이라고 했다. 그렇게는 누군지 모르겠기에 다시 물어보았더니, '케이트 미들턴'이라는 답이 돌아왔다. 나 역시 인파를 헤치고, 앞으로 나아가 사진을 찍었다.

왕실의 멤버는 모두 작위를 가지고 있고, 작위만으로 부르거나 이름과 작위를 함께 부른다. 공식적인 왕실 멤버는 다음과 같이 구성된다.

- 왕과 전임 왕의 자녀
- 왕과 전임 왕의 부계 손자 손녀

- 1순위 왕위 계승권자의 장자의 자녀
- 왕실 멤버의 배우자

이 규정에 따르면 찰스Charles Windsor 왕세자의 큰아들인 윌리엄 William의 자녀는 왕실 멤버가 되지만, 둘째 아들 해리Harry의 자녀는 왕실 멤버가 되지 않는다. 만일 찰스가 왕이 되면 해리의 아이들은 왕의 부계 손자가 되어 왕실 멤버가 되고, 왕자라고 불리게 된다. 왕실 멤버는 결혼과 동시에 로열 타이틀을 가진다. 여왕의 남편 필립은 에든버러 공작Duke of Edinburgh이고, 여왕의 큰아들 찰스는 웨일스 왕자Prince of Wales이며, 성 추문을 일으키고 있는 여왕의 둘째 아들은 요크 공작Duke of York이다. 찰스의 첫째 아들 윌리엄은 케임브리지 공작Duke of Cambridge 이며, 둘째 아들 해리는 서섹스 공작Duke of Sussex이다. 공작이라는 타이틀은 왕의 남편, 자식, 부계 손자에게만 주어지는 높은 타이틀이다. 왕의 가까운 혈육이 아닌 경우 트라팔가르 해전을 승리로 이끈 넬슨 Horation Nelson 제독이나 워털루 전투를 승리로 이끈 웰링턴 같은 구국의 위인에게만 주어지는 작위다. 우리나라의 경우 이순신 장군 정도가 되어야 공작 작위를 받을 수 있다.

왕실의 멤버는 1년에 2,000건이 넘는 행사에 참여한다. 왕실 행사, 국가 장례식, 국가 기념식, 가든파티, 외교 행사, 군대 방문, 학교 방문, 자선 활동을 해야 한다. 이를 '왕실의 의무Royal Duty'라고 한다. 1순위 왕위 계승권자는 여왕의 큰아들인 찰스 왕세자이며, 2순위는 1순위 계승권자의 장남인 윌리엄 케임브리지 공작이다. 케이트 미들턴은 케임

마담투소에 전시된 케임브리지 공작 윌리엄과
공작부인 케이트 미들턴의 밀랍 인형

브리지 공작의 부인이다. 그녀가 우리 동네에 온 것은 공원에서 진행
되는 아이들의 숲속학교 수업을 참관하기 위해서였다. 케이트 미들턴
은 국민들로부터 많은 관심과 사랑을 받고 있다. 동네 사람들은 그녀
의 방문을 너무나 좋아했다. 가까이서 보니 웃을 때 들어가는 보조개
가 특히 아름다웠다.

　런던 시내 베이커 거리에는 마담투소Madame Tussauds가 있다. 밀랍
인형으로 영국의 역사를 한눈에 볼 수 있게 구성해놓았다. 유명 현대
인의 밀랍 인형도 실물과 동일한 크기로 만들어놓았다. 마담투소는 런
던 관광객의 주된 코스 중에 하나다. 2007년에 마담투소의 주인이 바

꿰었는데 거래 가격이 2조 원이었다. 빅클럽 축구단 중의 하나인 첼시 구단보다 높은 가격에 거래되었다. 마담투소에 있는 밀랍 인형 중에 가장 인기 있는 인물은 왕실 가족이다. 마담투소에서는 왕실 가족 전부와 친밀한 사진을 찍을 수 있어서 좋다. 케임브리지 공작부인인 케이트 미들턴의 미소와 보조개가 실물보다 더 매력적으로 표현되어 있다. 미래의 왕비라서 특별히 정성스럽게 제작한 것처럼 보인다.

해리 왕자와 메건 마클이 왕실을 떠났다

영국 왕실의 가치는 긴 역사 속에서 특별하다. 튜더, 스튜어트, 하노버 등 왕조가 이름을 달리하기 때문에 역성혁명이 일어난 것처럼 들리지만, 실제로는 1066년에 정복자 윌리엄이 왕위에 오른 이후 1,000년 가까이 대를 이어오고 있다. 수많은 전쟁과 혁명 속에서도 왕실은 위기를 넘겼다. 고조되는 평등 의식 속에 민주주의가 세상을 지배하게 되었지만, 영국 왕실은 살아남았다. 엘리자베스 2세 여왕은 유럽의 많은 왕실이 사라지는 것을 직접 목격했다. 사라진 왕가는 대부분 가깝거나 먼 친척이었다. 남편도 사라진 그리스 왕실의 왕자였다. 엘리자베스 여왕의 절대 사명은 왕실의 존속이었다. 여동생의 사생활, 며느리의 행복, 손자 부부의 자유가 여왕의 판단을 흐리게 할 여지는 없었다.

여왕의 손자인 해리 왕자와 메건 마클Meghan Markle이 독립을 선언했다. 정부 지원을 포기하는 대신에 일정한 선에서 더 많은 자유를 누리기를 희망했다. 포기하는 금전의 크기와 새롭게 누리는 자유의 크기가 비슷하다고 생각한 모양이다. "우리의 희망은 정부 지원 없이 여왕, 영연방과 영국군을 위한 봉사를 계속하는 것이었지만, 불행히도 그렇게 될 수는 없었다." 해리의 고별사에 드러난 것처럼 해리와 메건의 희망 사항은 여왕에게 받아들여지지 않았다. 여왕은 자유를 선택한 경우 왕실 안에 있을 수 없음을 분명히 했다.

과거 여왕은 왕실 유지 비용에 대한 여론에 몹시 신경 썼지만, 지금은 사정이 많이 좋아졌다. 왕실이 창출하는 경제적 가치가 왕실 유지 비용보다 훨씬 크다는 공감대가 영국 사회에 형성되어 있기 때문이다. 입헌군주제를 폐지하자는 의견을 가진 사람이 과거에는 철저한 민주주의자로 인식되었다면, 지금은 자본주의 이치에 둔한 사람으로 취급된다. 평등한 세상을 사는 사람들은 아이러니하게도 왕실과 관련한 뉴스에 환호하고, 버킹엄 궁전에서 사진 찍기를 원하며, 왕실 멤버가 오는 행사에 참여하길 희망한다. 덕분에 왕실은 존속 자체를 걱정할 필요가 없어졌지만, 그렇다고 해서 여왕이 왕실 존속이라는 강박에서 완전히 자유롭게 된 것은 아니다. 21퍼센트에 해당하는 국민은 여전히 왕실을 반대하고 있기 때문이다.

여왕은 왕실의 의무를 무엇보다 강조한다. 일상에서 사람들과 공감하고, 어려울 때 눈물을 닦아주는 것이 왕실이 존재하는 이유라고 왕실 멤버에게 이야기하고 있다. 그렇기에 왕실의 의무를 자신의 선택의 영역으로 삼으려는 해리와 메건의 결정을 여왕은 받아들일 수가 없었다.

여왕이 왕실 존속이라는 강박에서 완전히 자유롭게 된 것은 아니다.
21퍼센트에 해당하는 국민은 여전히 왕실을 반대하고 있기 때문이다.

해리의 왕위 계승 서열은 6위에 불과했지만, 영국인은 해리를 특별히 좋아한다. 해리에게서 다이애나Diana Spencer 왕세자비를 투영하는 사람이 있고, 그의 친화성과 유머 감각을 좋아하는 사람도 많다. 2018년 스타티스타statista.com 조사에 의하면, 왕실 멤버 중에 가장 좋아하는 두 명을 꼽아 달라는 질문에 해리 왕자가 42퍼센트의 응답률로 1위를 차지했다. 엘리자베스 2세 여왕이 32퍼센트, 왕세손 윌리엄이 30퍼센트, 케이트 미들턴이 27퍼센트, 메건 마클은 14퍼센트를 차지했다.

SNS가 지배하는 시대에 해리와 메건이 자신들의 콘텐츠로 왕실의 지원금 이상의 돈을 버는 것은 어렵지 않다. 그들은 높은 상업적 가치를 가지고 있다. 그러나 왕위 계승권자인 윌리엄과 케이트 미들턴의 아이들이 성장하면, 해리와 메건의 가치는 크게 줄어든다. 자신들의 가치를 상업적으로 이용하려면 지금보다 적절한 타이밍은 없다. 해리와 메건은 왕실 관련한 콘텐츠를 팔 것이며, 그것이 무엇이 됐든 그들의 높은 인기와 함께 성공적으로 팔릴 것이다. 해리와 메건이 강연을 할 경우 강연료는 100만 달러로 클린턴이나 오바마 대통령의 강연료와 비슷한 선일 것으로 예상된다. 넥플릭스와 1억 달러(1,100억 원) 규모의 콘텐츠 제공 및 감수 계약을 체결하기도 했다. 오프라 윈프리 쇼에 출연한 이후 해리와 메건의 브랜드 가치가 5억 달러가 되었다는 분석도 나왔다. 이들은 왕실 밖에서 활동하면서 왕실과 크고 작은 갈등을 일으킬 것이고, 그 수위는 때로 위험 수준을 넘기도 할 것이다. 원하든 원하지 않든 영국 왕실은 뉴스의 중심에 서게 될 것이고, 그 뉴스는 SNS

에서 인기리에 소비될 것이다. 덕분에 왕실의 상업적 가치는 오히려 높아질 수도 있다.

해리와 메건은 왕실을 떠나면서 가이Guy라는 반려견을 데리고 떠났다. 메건이 왕실의 일원이 되기 전에 안락사될 위기에 있던 실험견인 가이를 입양했다. 영국에서는 해리 부부와 함께 켄싱턴 팰리스에서 살았다. 가이의 견종은 비글Beagle로서 엘리자베스 1세 여왕이 가장 좋아했던 종이기도 하지만, 안타깝게도 동물 실험에 사용되는 종이기도 하다.

왕실의 반려견, 비글

영국의 학교에는 웰빙 도그Wellbeing Dog가 있다. 학교에서 우울한 아이들의 기분을 풀어주고, 딱딱한 분위기를 녹여주는 역할을 개가 담당하기도 한다. 개가 수업시간에 투입되기도 하고, 학생들과 교정에서 뛰어놀기도 한다. 영국인은 웰빙 도그가 학교에서 아이들의 수업 능력을 향상시키고, 교우관계 형성에도 도움이 된다고 생각한다. 그래서 대부분의 학교에는 아이들이 좋아하는 웰빙 도그에 정성을 들인다. 어떤 학부모는 개는 학교에서 교장 선생님 다음으로 중요한 존재라고 말하기도 한다.

런던 라이프의 중요한 부분이 공원 산책인데, 개와 하는 공원 산책은 런던 라이프의 완성 같은 느낌을 준다. 그 정도로 영국인은 개를 좋아한다. 공원에는 사람보다 개가 더 많을 때도 있다. 한 사람이 여러 마리의 개와 산책하는 경우도 많고, 개 산책을 직업으로 하는 도그 워커 Dog Walker가 여러 마리를 데리고 오는 경우도 있기 때문이다. 개의 종류도 다양해서 공원에 있는 개가 모두 다른 종처럼 보일 때도 있다. 세계애견연맹FCI이 인정하는 개의 종류만 해도 339종이나 된다.

인터넷에서 반려견에 대한 기사 하나가 눈길을 끌었다. '충성심이 좋은 비글'이라는 제목의 기사였다. 자신에게 더 충성심이 있는 존재를 찾는 것이 우리 삶이지만, 가정과 일터에서 충성심을 발견하는 것은 쉬운 일이 아니다. 충성이라는 단어가 가부장적이거나 권위적이기 때문에 오늘날의 인간관계에서는 기대하기 어려운 단어일 수도 있다. 충성이 필요하다면 반려견 이외에는 대안이 없을 수도 있다. 내가 그 기사에 관심을 둔 것도 '비글'에 반응했기 때문이 아니라 '충성심'에 반응했기 때문이다. 사람을 잘 따르는 비글을 실험용 개로 사용하고 안락사시킨다는 기사 내용은 잔인했다. 비글이 실험용으로 적당한 이유는 종의 단일성이 뛰어나고 사람에 대한 신뢰가 깊어서 실험할 때 저항하지 않기 때문이다. 이 기사를 읽고 나는 만약에 반려견을 가지게 된다면 비글을 선택하기로 마음먹었다.

비글은 사냥견의 일종이다. 이렇게 작은 개가 무슨 사냥을 했을까? 목수의 공구함을 보면 생김새는 비슷하지만 용도가 다른 공구가 많다. 사냥꾼이 사냥할 때도 마찬가지였다. 폭스하운드Foxhound 같은 대형견이 사냥감을 몰면, 사냥꾼이 말을 타고 그 뒤를 쫓는다. 덤불 속이나 흙더미 어딘가로 사냥감이 숨으면, 사냥꾼 주머니에서 비글이 나온다.

비글은 땅을 잘 파며 후각이 발달해 있지만, 귀엽고 예쁜 것이 가장 큰 장점이다. 어쩌면 사냥감이 비글의 인상을 보고 안도해 밖으로 나오는지도 모른다.

정복자 윌리엄이 영국을 정복할 때에 가져온 탤벗하운드Talbot Hound가 영국의 그레이하운드Greyhound와 교배해 생긴 품종이 비글이다. 그레이하운드를 포함해 공인된 사냥견의 종류만 100여 가지가 넘는다. 그중에 후각이 가장 뛰어난 비글은 사냥이라는 경기의 마무리 투수인 셈이다. 인천 국제공항의 탐지견도 비글이다.

엘리자베스 1세가 1558년에 여왕이 되면서 비글도 같이 왕이 되었다. 엘리자베스 여왕이 가장 좋아했던 비글은 여왕의 테이블에 항상 앉아 있었다. 귀족, 신하, 외교 사절은 엘리자베스 여왕으로부터 비글을 하사받는 것을 고대했다. 반려견이든 사냥견이든 이름 앞에 로열Royal이라는 단어를 붙인다면, 그 수식어는 비글에게 가장 잘 어울린다.

중앙아시아 유목민에게는 그들이 가장 중요하게 생각하는 제뜨 까즈나(일곱 가지 보물)가 있다. 그 보물의 종류는 지역과 유목의 형태에 따라 조금씩 다르지만, 반드시 포함되는 것이 말과 사냥개, 독수리다. 유목민에게 가장 중요한 것은 말이라고 생각하기 쉽지만, 말보다 더 중요한 존재가 사냥개일 수도 있다. 생산의 관점에서는 말에 뒤지지만, 친구의 관점에서 보면 말보다 앞선다. 그중에 최고는 따즈Tazy라는 종류의 개다.

따즈는 살루키Saluki와 모습이 유사하다. 지금은 유목 생활을 하지 않기 때문에 따즈의 가치가 줄어들었지만, 유목 생활을 할 당시에 순수 혈통의 따즈는 말 50마리와도 바꾸지 않았다는 말이 있을 정도다. 지금은 순수 혈통의 따즈가 카자흐스탄에 많이 남아 있지 않다. 한 카자흐스탄 친구는 따즈 열 마리를 가지고 있는데, 자신은 말 500마리를 가진 것과 같다고 자랑하곤 한다. 따즈에 대한 전설도 많아서 따즈 한 마리가 늑대 두 마리를 상대해서 이겼다는 이야기도 있다. 따즈는 독립심이 강해서 야영 생활 중에 별도로 돌보지 않아도 알아서 생존할 수 있었다. 그러면서도 주인에 대한 충성심이 깊다고 하니, 특이한 반려견이다.

선뜻 반려견을 집에 데려오지 못하는 이유는 아내가 반대하기 때문이다. 아내가 반대하는 이유는 개를 책임지고 돌볼 자신이 없기 때문이다. 그렇다면 돌보지 않아도 친구가 되어 주는 따즈가 답이 될 수도 있다.

"아이와 개는 때려서는 안 돼! 그게 스텝의 법칙이지. 너희가 이걸 이해했는지 항상 늑대의 눈으로 지켜볼 거야!" 따즈의 친구인 중앙아시아 유목민이 부르던 노래다. 그런데 따즈의 사촌인 비글이 미국, 영국, 한국을 가리지 않고 실험용으로 쓰이고 있다. 미국에서만 7만 마리의 개가 매년 실험용으로 쓰이다 죽는데, 대부분은 비글이다. 엘리자베스 1세 여왕은 이 사실을 알까?

왕은 어디에 사는가, 팰리스와 캐슬, 코트의 차이

엘리자베스 1세 여왕이 비글과 거주했던 곳은 런던 남서쪽에 있는 햄프턴 코트와 서쪽에 있는 윈저 캐슬이다. 왕이 머무는 곳을 표시할 때 등장하는 코트, 캐슬, 팰리스는 각각 어떠한 의미를 가지는가?

코트court는 법원을 뜻하기도 하고, 테니스장을 뜻하기도 하며, 궁전을 뜻하기도 한다. 코트는 내부 정원을 사각형으로 둘러싸는 형태의 건물을 지칭한다. 런던을 다니다 보면 코트라는 이름의 건물을 많이 볼 수 있다. 코트는 일종의 건축 양식인 셈이다. 캐슬castle은 성벽으로 둘러싸인 귀족이나 왕의 전시 대피 장소다. 전쟁에 대비하기 때문에 대포를 포함한 군사 시설을 갖출 수 있는 구조로 되어 있다. 큰 캐슬에는 왕이 거주할 수 있는 공간이 마련되어 있다. 팰리스palace는 왕의 거주지며 근무지다. 왕은 팰리스에서 살지만, 왕이 한 번이라도 거주한 적이 있는 공간은 모두 일반적으로 팰리스라고 부른다.

코트는 건축 스타일을 뜻하는 단어며, 팰리스는 건물의 쓰임새를 뜻하는 단어고, 캐슬은 스타일과 쓰임새를 모두 고려한 단어다. 헨리 8세와 엘리자베스 1세가 살았던 햄프턴 코트는 코트면서 팰리스며, 엘리자베스 1세가 외교 사절을 위해 사용했던 윈저 캐슬은 캐슬이면서 팰리스다. 크리스털 팰리스처럼 왕과는 상관없이 이름만 팰리스인 곳도 있다. 런던에는 열 개가 넘는 팰리스가 있다. 버킹엄 팰리스(1624), 윈저 캐슬(11세기), 햄프턴 코트(1525), 켄싱턴 팰리스(1605), 그리니치 팰리스(1443), 세인트제임스 팰리스(1536), 큐 팰리스(1631), 화이트홀

그리니치 팰리스 내에 있는 옛 그리니치 왕립 병원

팰리스(1530), 엘텀 팰리스(1305), 웨스트민스터(11세기), 타워 오브 런던(1078) 등이다.

버킹엄 팰리스는 엘리자베스 2세 여왕이 거주하고 근무하는 곳이다. 1837년 빅토리아 여왕부터 왕의 거주지로 사용되고 있다. 윈저 캐슬은 내부에 왕과 왕실을 위한 거주 공간이 있다. 여왕이 주말마다 찾는 곳이며, 유럽에서 가장 오래된 팰리스다. 켄싱턴 팰리스는 지금은 왕실 가족이 모여 사는 곳이다. 다이애나 왕세자비와 메건 마클이 이곳에 살았고, 현재 케이트 미들턴도 이곳에 살고 있다. 햄프턴 코트는 헨리 8세를 비롯한 튜더 가문의 왕이 좋아했던 장소다. 엘텀 팰리스는 왕이 사냥하다가 잠시 머무는 소박한 건물이다. 현 의회인 웨스트민스터도 처음 지어질 때는 팰리스로 지어졌다. 감옥이나 사형 집행 장소로 더 유명해진 타워 오브 런던도 왕이 거주했던 팰리스다. 스코틀랜드에는 여왕이 여름에 방문하는 홀리루드 팰리스와 밸모럴 캐슬이 있고, 아일랜드에는 힐스버로 캐슬이 있으며, 영국 동해안에는 샌드리험 하우스가 있다.

영국은 인류 역사에서 처음으로 해가 지지 않는 제국을 건설했다. 그러나 대영제국 팰리스는 화려함과는 거리가 있다. 화려한 프랑스 궁전을 생각하고 영국의 팰리스를 방문하면 실망할 수도 있다. 영국 왕실이 장수할 수 있는 비결 중의 하나는 화려하지 않은 실용적인 팰리스를 추구했기 때문일 수도 있다. 2000년 전의 서로마 제국의 황제가 오늘날의 영국 팰리스를 구경한다면, '이게 뭐지?'라고 의아하게 생각할 수도 있다. 그러나 그게 장수의 비결이라는 이야기를 들으면 고개를 끄덕이게 될 것이다.

사진 출처

길원혜: 7, 70, 72, 126, 146, 182, 239, 245, 262, 268, 285, 294쪽
최동준: 55, 254, 292쪽
thegarethwiscombe@fliker: 36쪽
Arne List@wikipedia: 97쪽
Stephen Bowler@Wikimedia: 143쪽

※ 이 책에 삽입된 사진 및 자료들은 모두 저자의 것이거나 저작권을 확인하고 정상적인 절차를 밟아 사용했습니다.

유쾌하고 사소한 영국 인문학 여행

그러니까, 영국

1판 1쇄 발행 2021년 7월 2일
1판 2쇄 발행 2022년 4월 22일

지은이 윤영호

발행인 이성현
책임 편집 전상수
디자인 방유선

펴낸 곳 도서출판 두리반
주소 서울특별시 종로구 사직로 8길 34(내수동 72번지) 1104호
편집부 전화 (02)737-4742 | **팩스** (02)462-4742
이메일 duriban94@gmail.com

등록 2012. 07. 04 / 제 300-2012-133호
ISBN 979-11-88719-12-9(03920)